République Française

# VILLE D'ALGER

# CONGRÈS DES MAIRES

DU

## DÉPARTEMENT D'ALGER

TENU A ALGER

LES

20, 21 ET 22 MARS 1910

Imprimerie A. JOURDAN

# CONGRÈS DES MAIRES

DU

## DÉPARTEMENT D'ALGER

# Liste des Communes ayant adhéré au Congrès

| | |
|---|---|
| Alger | MM. Savignon. |
| Affreville | Martin. |
| Aïn-Sultan | Téton. |
| Aïn-Taya | Fabre. |
| Alma | Ancey. |
| Ameur-el-Aïn | Augé. |
| Arba | Benoit. |
| Arbatache | Peyroud. |
| Attafs (Les) | Billiet. |
| Attatba | Jannin. |
| Béni-Méred | Hoffmann. |
| Berrouaghia | Durand. |
| Bir-Rabalou | Puybareau-Mazières. |
| Birkadem | Truchet. |
| Birmandreïs | Chevalier. |
| Blida | Berard. |
| Boghar | Panis. |
| Boghari | Sidoun. |
| Boufarik | Guizard. |
| Bouïra | Clairé. |
| Bou-Medfa | Huillet. |
| Bouzaréa | Isnard. |
| Camp-du-Maréchal | Criqui. |
| Castiglione | Matteï. |
| Cavaignac | Lauprêtre. |
| Chebli | Aymes. |
| Cherchell | Belle. |
| Chiffa (La) | Charaud. |
| Courbet | Ehrenpfort. |
| Crescia | Chenot. |
| Dellys | Bernasconi. |
| Dély-Ibrahim | Garnier. |
| Douéra | Gontard. |
| Duperré | Gournail. |
| El-Biar | Poirson. |
| Fondouk | Poli. |

| | |
|---|---|
| Fort-de-l'Eau.................. | MM. GUEIROUARD. |
| Fort-National.................. | LECOURT. |
| Fouka.......................... | CORBIÈRE. |
| Gouraya........................ | MASSONET. |
| Guyotville..................... | CABEAU. |
| Haussonvillers................. | LORENTZ. |
| Hussein-Dey.................... | LUCCIONI. |
| Isserville..................... | DUBOIS. |
| Kherba......................... | CHARPILLET. |
| Koléa.......................... | BÉRENGER. |
| Kouba.......................... | ROUQUET. |
| Lavarande...................... | DURROS. |
| Littré......................... | COSTE. |
| Lodi........................... | IZARD. |
| Maison-Carrée.................. | LEBAILLY. |
| Marengo........................ | MULLER. |
| Médéa.......................... | RICHARD. |
| Ménerville..................... | PATTON. |
| Meurad......................... | DESPAUX. |
| Miliana........................ | SÉGUY. |
| Montenotte..................... | LEMOINE. |
| Mouzaïaville................... | BLARD. |
| Orléansville................... | ROBERT. |
| Oued Fodda..................... | NOURRY. |
| Ouled Fayet.................... | COLOMIÈS. |
| Palestro....................... | VALCADA. |
| Réghaïa (La)................... | GOBEZ. |
| Rouïba......................... | BAUBIER. |
| Rovigo......................... | PICINBONO. |
| Saint-Eugène................... | VIMAL. |
| Saint-Ferdinand................ | ROLLIN. |
| Saoula......................... | THÉVENET. |
| Sidi-Moussa.................... | PÉLEGRI. |
| Téfeschoun..................... | BECK. |
| Ténès.......................... | GRUCKER. |
| Teniet-el-Haâd................. | LAFON. |
| Tipaza......................... | OUTIN. |
| Tizi-Ouzou..................... | COMMON. |
| Vesoul-Bénian.................. | GRANDHAYE |
| Zéralda........................ | JEANJEAN. |

# CONGRÈS DES MAIRES

DU

# DÉPARTEMENT D'ALGER

## Réunion plénière du 20 Mars 1910

Ce matin, à 9 heures, dans la salle des mariages, à l'Hôtel de Ville, la Municipalité et le Conseil municipal d'Alger ont procédé à l'ouverture du Congrès des Maires du département d'Alger, institué pour étudier les moyens d'améliorer la situation financière des commune algériennes.

**M. Savignon**, Maire, autour duquel avaient pris place, M. VERNE, préfet d'Alger, MM. LEGENDRE, DEMONTÈS, SERRE, adjoints et de nombreux Conseillers municipaux, souhaite la bienvenue aux congressistes et s'exprime en ces termes :

Messieurs et chers collègues

Avant de commencer nos travaux, vous voudrez bien me permettre de vous souhaiter, au nom de la Ville d'Alger, la plus cordiale des bienvenues.

S'il était logique que la Municipalité du chef-lieu

prit l'initiative de ce Congrès, nous nous réjouissons aussi à la pensée de pouvoir réunir pour une œuvre de pure administration et d'organisation municipale, nos chers collègues du département et d'inaugurer, sous les auspices de préoccupations exemptes de tout dessein politique, des relations qui, pour ce motif, ne seraient que plus agréables et, je l'espère, plus durables.

Soyez donc les bienvenus dans notre Hôtel de Ville. Un souci pareil aux nôtres vous a conduits au milieu de nous. Il y a déjà dans ce sentiment un germe de profonde sympathie. Nous y ajouterons, j'en suis sûr, par l'échange de nos idées, par la mutuelle éducation que nous retirerons de nos séances, le réel plaisir de nous mieux connaître et de resserrer les liens dont bénéficieront surtout les intérêts considérables et précieux dont nous avons la lourde charge.

Nous nous félicitons, Messieurs et chers collègues, d'avoir répondu à notre appel. Votre présence signifie combien vous êtes dévoués aux communes qui vous ont confié leur administration.

Vous n'avez pas craint de venir, quelques-uns de très loin, pour étudier de concert les difficiles problèmes des budgets communaux et vous avez ainsi donné la mesure de votre civisme de de votre attachement à l'Algérie. Nos tâches sont parfois ingrates; elles nous valent parfois des heures de rancœur. Mais elles ont aussi leur récompense lorsqu'au fond de notre conscience nous sentons que nous travaillons pour notre pays et que notre effort, parce qu'il est sincère, sera fécond.

Nous inaugurons ce Congrès avec des fronts soucieux et inquiets. Quelle ne sera pas votre satisfaction si vos travaux aboutissent à alléger vos graves préoccupations et si nous sentons que nous avons trouvé les moyens d'améliorer la situation budgétaire de nos communes.

Graves préoccupations ai-je dit. Elles le sont, en effet, pour nous qui avons la responsabilité morale — la plus lourde de toutes — de la prospérité financière de nos villes et qui avons à résoudre, pour la maintenir, les équations les plus complexes.

Je pourrais ajouter : les plus paradoxales. En physique, les fluides de nom contraire s'attirent et forment un concert qui se transformera bientôt en chaleur ou en force. En comptabilité municipale, les chapitres de nom contraire, — celui des recettes et celui des dépenses, — semblent se repousser et entre les deux se creuse un trou fatidique, cauchemar de nos conseils municipaux et que nos plus habiles dresseurs de budgets sont souvent impuissants à combler.

Dans les communes anciennes — ancienneté relative, bien entendu — les cadres sont étroits ; il faut les rompre. Le passé fut trop timide ; un peu de témérité ne mésied pas. L'œuvre des devanciers laisse à désirer : il faut la démolir et la reconstruire. Les habitants se contentaient de peu : il faut beaucoup pour les satisfaire. Des générations vécurent dans un décor modeste : leurs héritiers veulent un décor fastueux. Le progrès social, les besoins de confort, de bien-être, d'hygiène, d'air et de lumière, de plaisirs, deviennent exigeants et tout cela aboutit au compartiment des dépenses, à des impôts et à des charges, engage l'avenir dans des emprunts et lance les budgets dans des engrenages pareils à l'antre du lion, de La Fontaine : « On voit bien » comment on y entre ; on ne voit pas comment on en » sort ».

Dans les villes de formation plus récente, c'est presque une improvisation qu'il faut réaliser. Là où il n'y avait que la glèbe peuplée de lentisques et de palmiers nains, parfois le marais insalubre ou la brousse épaisse, en quelques années c'est un village qui semble sortir de terre. Les colons n'ont pas eu le temps de s'enraciner sur leurs champs que les maisons se groupent autour de la mairie et de l'école. Les ressources ne sont pas nées que les dépenses s'imposent. La cellule sociale est à peine en germe qu'elle doit se créer des moyens d'existence. Elle est formée d'éléments disparates sans unité d'origine, sans traditions communes, sans cohésions d'intérêts communs. Elle est une création artificielle et il lui faut vivre, organiser un outillage collectif, assurer à ses habitants tous les rouages et toutes les obligations de l'existence communale.

C'est au point qu'on se demande parfois, Messieurs et chers Collègues, par quels prodiges d'ordre et d'ingéniosité, de sagesse et d'équilibre, vous pouvez résoudre de pareilles difficultés.

Car, que ce soit dans les communes dont le budget se chiffre par millions, que ce soit dans celles qui disposent des ressources les plus modestes, la psychologie du contribuable est également faite d'antithèses impossibles à concilier.

Partout le contribuable veut payer le moins et avoir le plus. Il se plaint volontiers de l'insuffisance des moyens mis en œuvre pour lui donner l'idéal de ses prétentions ; mais il oublie systématiquement, que rien ne se fait avec rien et que les conseils municipaux n'ont pas le pouvoir miraculeux de dépenser sans récolter.

Encore, si nous n'avions à lutter que contre nos mandants, le langage et la sagesse auraient presque toujours raison de leurs exigences et nous n'aurions qu'à atténuer par quelques réserves les surprises des dépenses imprévues dont la menace pèse toujours sur l'équilibre si laborieusement obtenu de nos budgets.

Mais le paradoxe ne s'en tient pas là.

Quand une commune s'engage dans une depense ou prématurée ou trop lourde pour elle, le préfet, son tuteur légal, annule le crédit et, avec des mots paternels, ramène la mineure imprudente dans la voie des économies et du bon ordre financier.

Ce serait parfait s'il n'y avait le revers de la médaille. Car voici que le Parlement vote une loi. C'est tantôt pour l'instruction publique, tantôt pour les œuvres d'assistance, tantôt pour la protection du travail, de l'hygiène, de la santé publique.

Le pays applaudit à l'œuvre législative ; seulement les Maires s'aperçoivent que ces œuvres d'améliorations sociales et de progrès humain vont se traduire par des dépenses obligatoires que les Préfets seront les premiers à exiger et qui vont déjouer toutes prévisions et augmenter les charges des citoyens.

Les Maires algériens, cela n'est pas contestable, professent tous les idées les plus inspirées de l'esprit républicain ; ils ne peuvent voir qu'avec un cœur joyeux l'instruction répandue, les pauvres secourus, les vieillards assistés, les enfants protégés, les travailleurs défendus. Mais quand les justes lois ont des répercussions financières sur le budget des communes, quand des dépenses obligatoires viennent à l'improviste créer des charges nouvelles, ils craignent de se trouver, devant cette montée inattendue des dépenses, impuissants à découvrir les compensations de recettes indispensables.

Ce n'est pas à vous, Messieurs et chers Collègues, que j'ai à expliquer la précarité de nos moyens budgétaires du côté des ressources ordinaires, comme du côté des ressources extraordinaires susceptibles de gager nos emprunts éventuels. Tous nos conseils municipaux se butent aux mêmes difficultés.

» Ils n'en mouraient pas tous, mais tous étaient frappés ».

Cette situation a, depuis longtemps, ému les représentants des communes algériennes. Elle a provoqué au sein des Délégations Financières et au Conseil Supé rieur où siègent beaucoup de nos collègues des trois départements, une émotion bien légitime et d'autant plus vive que ces assemblées ont à s'inquiéter des capacités financières de l'Algérie et à tenir compte des charges imposées aux contribuables par les budgets communaux et départementaux quand elles envisagent de nouveaux impôts.

Vous savez qu'à la suite d'une décision du Conseil Supérieur de 1907, une Commission fut nommée le 20 janvier 1908 par M. le Gouverneur général, pour examiner les possibilités de solution de ce grave problème.

La Commission se réunit une première fois et se partagea en deux Commissions : celle des ressources municipales et celle des ressources départementales.

Depuis, on n'en avait plus entendu parler jusqu'à ces derniers temps, où ses séances aboutirent aux rapports que vous allez examiner et discuter.

Entre temps, les Délégations Financières continuaient à se préoccuper des budgets communaux.

M. Barbedette, le distingué maire de Djidjelli, dans son rapport sur le budget, faisait un exposé courageux et très impressionnant de la situation des communes.

« Pour équilibrer leur budget, disait-il, elles sont » amenées, en raison de l'insuffisance de leurs ressour- » ces, à restreindre outre mesure certaines dépenses de » première urgence telles que la sécurité, l'entretien des » rues, les services d'hygiène, d'assistance et autres. » La plupart ont épuisé leurs facultés d'emprunt et les » charges qui résultent des dits emprunts affectent très » lourdement une seule catégorie de contribuables.

» La nécessité s'impose donc de créer pour la com- » mune, de nouvelles ressources, réparties d'une façon » plus équitable sur l'ensemble des contribuables. »

Au cours de la même session, la discussion sur les dépenses de l'Assistance publique et de plusieurs autres chapitres amenèrent M. Bérard, maire de Blida ;

M. Morinaud, maire de Constantine et quelques autres délégués, à prier l'Administration de rechercher les moyens de soulager les communes de leurs charges écrasantes.

Mais les représentants des communes voyant que la Commission spéciale reculait sans doute devant les difficultés de la tâche qui lui avait été assignée et ne se réunissait pas, décidèrent d'agir par eux-mêmes et M. Morinaud, maire de Constantine, prit l'initiative, l'année dernière, du premier Congrès des maires qui groupa autour de notre éminent collègue, les maires du département de Constantine et tint ses assises le 19 octobre.

Des déclarations de la plus haute importance y furent faites par nos voisins de l'Est. Les maires furent unanimes à avouer que les produits des marchés baissaient un peu partout, que les ressources étaient impuissantes à couvrir les dépenses ordinaires aggravées des dépenses obligatoires, qu'il y avait urgence à découvrir de nouvelles recettes : le vœu définitivement adopté suggérait notamment une augmentation de l'impôt des tabacs au profit des communes.

Une constatation entre autres était très émouvante : les maires en venaient à ne pas désirer l'accroissement de la population de leurs communes, cet accroissement ayant pour corrollaire fatal une augmentation de dépenses, impossible à compenser.

Les résultats de cette situation seraient la négation même de l'essor de l'Algérie, de son progrès, de l'augmentation si désirable de l'immigration française. Nous arriverions à ne pas rechercher de nouveaux colons et à déplorer ce que nous devons désirer le plus ardemment.

Le Congrès de Constantine, très utile pour l'échange de vues qu'il provoqua, eut surtout un effet pratique dont il faut féliciter promoteurs et congressistes : il détermina la Commission spéciale à se réunir et à conclure.

Vous allez donc, Messieurs et chers collègues, discuter les vœux de cette Commission et y ajouter toutes les propositions que vous inspirera votre expérience des choses communales et votre vif désir de donner à vos mandants, avec le minimum de charges, toutes les améliorations d'ordre collectif et d'ordre social qui sont désirables.

En déclarant ouvert le Congrès des maires du département d'Alger, j'ai la profonde conviction que votre œuvre sera fructueuse et que les Délégations Financières y trouveront des indications précises préparant une répartition équitable des impôts et atténuant la crise dont souffrent tous nos budgets.

Ce discours est vivement applaudi.

**M. Verne,** préfet d'Alger, prend ensuite la parole :

Il s'est fait un devoir d'assister à cette séance d'inauguration pour bien marquer l'intérêt que porte l'Administration supérieure aux travaux du Congrès qui va s'ouvrir. Ceux qui vont y prendre part, se trouvant en contact immédiat et permanent avec les populations, doivent avoir la sensation des réalités et leurs avis seront des plus précieux.

Un Préfet, aussi bien en Algérie qu'en France, est un conseiller municipal surnuméraire, puisqu'il doit connaître de toutes les questions qui sont traitées dans les communes et qu'il leur apporte par un visa ou une approbation une solution définitive. Mais hélas ! son rôle est souvent ingrat, car, gardien sévère des disponibilités financières, il a bien souvent le regret de rayer des budgets des dépenses justifiées pourtant, mais qu'interdisent les ressources trop précaires.

Les communes algériennes n'ont pas, comme celles de la métropole, une longue existence historique qui leur aurait permis de mettre en harmonie des besoins lentement apparus avec les moyens parallèlement developpés. Nées d'hier de par la volonté du Pouvoir, elles n'ont pas eu, comme la Minerve antique, la bonne fortune de venir tout armées pour la lutte qu'elles avaient à entreprendre. Les communes de France ont mis des siècles à mener leur œuvre, et c'est en cinquante années que les communes algériennes ont à accomplir le même effort. Elles le pourraient par un redoublement de prudence et par une vigilance constante que trompent trop facilement hélas! des appétits locaux. Mais des problèmes inconnus hier sont venus ajouter aux difficultés d'autrefois, et toute la législation récente de défense, de préservation sociales, de solidarité, exigera de nouveaux sacrifices des communes, des départements, de l'État.

Les Maires seront les interprètes avertis des communes ; leurs conseils, leurs avis, formulés au cours du Congrès, serviront utilement les assemblées qui ont la responsabilité d'ouvrir les sources de l'impôt. Et M. Verne est certain que dans les discussions les magist[illegible]s municipaux sauront allier le souci de ménager les forces contributives de leurs concitoyens avec les exigences d'une politique de généreuse solidarité qui sera la gloire de notre temps et la force de la République.

**M. Savignon** communique à l'assemblée la liste des Maires ayant donné leur adhésion ferme au Congrès et promis d'y assister, savoir les maires ou délégués des communes ci-après :

Alger, Affreville, Aïn-Sultan, Aïn-Taya, Alma, Ameur-el-Aïn, Arba, Arbatache, les Attafs, Attatba, Beni-Mered, Berrouaghia, Bir-Rabalou, Birkadem, Birmandreïs, Blida, Boghar, Boghari, Boufarik, Bouïra, Bou-Medfa,

Bouzaréa, Camp du Maréchal, Castiglione, Cavaignac, Chebli, La Chiffa, Cherchell, Courbet, Crescia, Dellys, Dély-Ibrahim, Douéra, Duperré, El-Biar, Fondouk, Fort-de-l'eau, Fort-National, Fouka, Gouraya, Guyotville, Haussonvillers, Hussein-Dey, Isserville, Kherba, Koléa, Kouba, Lavarande, Littré, Lodi, Maison-Carrée, Marengo, Médéa, Ménerville, Meurad, Miliana, Montenotte, Mouzaïaville, Orléansville, Oued-Fodda, Ouled-Fayet, Palestro, La Réghaïa, Rouïba, Rovigo, Saint-Eugène, Saint-Ferdinand, Saoula, Sidi-Moussa, Tefeschoun, Ténès, Téniet-el-Haâd, Tipaza, Tizi-Ouzou, Vesoul-Bénian, Zéralda (soit 76 communes).

M. Savignon donne ensuite lecture des lettres des Maires qui ont exprimé le regret de ne pouvoir assister au Congrès et qui donnent leur adhésion aux décisions qui seront prises par l'assemblée.

Avant la constitution du bureau, **M. Valcada,** maire de Palestro, demande l'envoi d'un télégramme à M. le Gouverneur Général et à M. le Ministre de l'Intérieur pour le prier de hâter la solution de la question de l'Ouenza.

**M. Savignon,** maire d'Alger, fait remarquer que cette question ne pourra venir utilement qu'après la constitution du bureau.

Le bureau est ensuite constitué.
Sont nommés par acclamation :

Président, M. SAVIGNON, maire d'Alger ;

Vice-présidents : MM. BÉRARD, maire de Blida, et GUIZARD, maire de Boufarik ;

Assesseurs : MM. LEBAILLY, maire de Maison-Carrée, et GUEIROUARD, maire de Fort-de-l'Eau ;

Secrétaire : M. le docteur BENOIT, maire de l'Arba.

**M. Valcada**, maire de Palestro, demande au bureau de soumettre à l'assemblée le texte du télégramme qu'il a déposé.

**M. Soucaze** estime que ce télégramme adressé à deux représentants de l'administration supérieure, doit être scindé et faire l'objet de deux adresses distinctes, l'une à M. le Ministre de l'intérieur, l'autre à M. le Gouverneur Général.

Adopté à l'unanimité.

Voici le texte de ces adresses :

« Jonnart, gouverneur général, Paris.

« Les maires du département d'Alger réunis en congrès envoient à M. le gouverneur général de l'Algérie l'expression de leur dévouement et le félicitent de son inlassable énergie à défendre les intérêts de l'Algérie ».

« Ministre de l'intérieur, Paris.

« Les maires du département d'Alger réunis en congrès confiants dans le bienveillant intérêt que porte à l'Algérie M. le ministre de l'intérieur, espèrent de son énergique intervention la discussion avant la fin de la législature de la question de l'Ouenza et lui expriment leur profond attachement à la République ».

Le Congrès se divise ensuite en trois commissions pour l'étude des diverses questions.

1° Commission d'étude du rapport de M. Barbedette sur les ressources communales.

Se font inscrire : MM. Bérard, maire de Blida ; Lebailly, maire de Maison-Carrée ; Common, maire de Tizi-Ouzou ;

Guizard, maire de [illegible] ; Lafon, maire de Téniet-el-Hâad ; Durand, maire de [illegible]errouaghia ; Robert, maire d'Orléansville ; Colomiès, maire d'Ouled-Fayet ; Faure et Bouderba, conseillers municipaux d'Alger.

2° Commission de l'octroi de mer, de l'assistance publique et de l'instruction publique.

Se font inscrire : MM. Gueirouard, maire de Fort-de-l'Eau ; Chevallier, maire de Birmandreïs ; Baubier, maire de Rouïba ; Massonet, maire de Gouraya ; Moliner-Violle, conseiller municipal, délégué de Boghar ; Lauprêtre, maire de Cavaignac ; Peyroud, maire de l'Arbatache ; Vimal, maire de St-Eugène ; Benoît, maire de l'Arba ; Dubois, maire d'Isserville, Bernasconi, maire de Dellys ; Demontès, 2e adjoint au maire d'Alger, Soucaze, Basset, Fuster, Ben Brihmat, conseillers municipaux d'Alger.

3e Commission des dotations communales et questions diverses.

Se font inscrire : MM. Outin, maire de Tipaza ; Valcada, maire de Palestro ; Clairé, maire de Bouïra et Balard, conseiller municipal d'Alger.

**M. Berard** demande la parole et s'exprime en ces termes :

Messieurs,

J'ai quelques mots à vous dire des travaux de la Commission instituée au Gouvernement Général pour rechercher les moyens d'améliorer la situation financière des départements et des communes et dont j'ai eu l'honneur de faire partie.

Mais avant s'impose à moi, un devoir bien doux à remplir, c'est de remercier, au nom de tous les congressistes, le Maire et le Conseil municipal d'Alger, du bon accueil qu'il nous ont fait aujourd'hui.

Il ne pouvait du reste en être autrement dans cette belle ville d'Alger qui devient de l'avis de tous, la Ville Lumière de l'Algérie et qui a la bonne fortune d'être administrée par un homme de premier ordre. Je suis certain, Messieurs, d'être votre interprète à tous en traduisant l'excellente impression produite par le premier magistrat de la capitale de l'Algérie sur tous ses collègues.

J'en reviens maintenant aux travaux de la Commission dont M. Barbedette fut le distingué rapporteur ; je puis vous dire que ses rapports et ses travaux ont été fort consciencieux, qu'à plusieurs reprises la Commission a tenu de très intéressantes réunions, qu'elle s'est entourée de tous les renseignements possibles pour justifier la confiance des corps élus et du Gouvernement et que les solutions préconisées par elle méritent l'attention de tous.

Et pourtant n'ai-je pas entendu mes meilleurs amis de cette assemblée me dire : « Faites beaucoup MM. les délégués financiers, mais ne nous demandez rien ».

J'en appelle à vous tous qui êtes des travailleurs, qui avez créé et produit. Est-il possible de créer, est-il possible de produire, de faire œuvre utile et durable, sans le moindre sacrifice ?

Non, cela ne se peut, ayons le courage de le dire.

Nos charges s'accroissent constamment en dehors de notre volonté ; ce n'est pas nous qui augmentons nos dépenses, c'est la Chambre, c'est le Sénat ; un beau jour nous arrive sous forme d'impôt nouveau, une charge nouvelle.

Étudions donc avec un soin sévère le rapport Barbedette et nous serons amenés à conclure qu'il y a lieu d'augmenter les produits de l'octroi de mer dans l'intérêt général des communes ».

(Nombreux applaudissements).

**M. Hadj Moussa**, conseiller municipal d'Alger, demande le renvoi à la 1re Commission du vœu émis par la commune de Lodi au sujet de la majoration des droits d'octroi de mer sur certains produits.

Il en est ainsi décidé.

**M. Gueirouard**, maire de Fort-de-l'Eau, fait connaître qu'il présentera à la 2e Commission un rapport sur l'octroi de mer et sur le mode de répartition actuel qui lèse gravement les intérêts des communes du département d'Alger.

La répartition à l'unité coloniale, substituée à la répartition à l'unité départementale, favorise principalement le département de Constantine dont la population indigène est très dense, mais qui consomme beaucoup moins que les autres départements renfermant un plus grand nombre d'habitants européens.

M. Gueirouard ne se dissimule pas les difficultés d'obtenir un changement dans ce mode de répartition ; aussi proposera-t-il une solution transactionnelle qui consisterait à répartir les produits de l'octroi de mer proportionnellement à la consommation dans chaque département.

Plusieurs membres de l'assemblée font remarquer que l'orateur pourra utilement développer cette question devant la 2e Commission d'abord et devant le Congrès réuni en séance plénière. M. Gueirouard explique qu'il a voulu seulement tracer les grandes lignes de son rapport et remercie le Congrès de sa bienveillante attention.

Le Congrès décide ensuite que les Commissions se réuniront, dans les salles précédemment indiquées, lundi et mardi à 9 heures, pour l'examen des diverses questions et soumettront leurs rapports en séance plénière le soir des mêmes jours à 4 heures.

M. Bonnet, chef de bureau, est désigné comme secrétaire de la 1re Commission, M. Olieu, sous-chef de bureau comme secrétaire de la 2e commission et M. Caussignac, sous-chef de bureau comme secrétaire de la 3e Commission.

La séance est levée à 10 h. 1/2 du matin.

---

# Réunion plénière du 21 Mars 1910

---

Présidence de M. SAVIGNON, Maire d'Alger, assisté du bureau composé de MM. BÉRARD et GUIZARD, vice-présidents.

MM. LEBAILLY et GUEIROUARD, assesseurs, M. BENOIT, secrétaire.

La séance est ouverte à 4 heures 15.

**M. Savignon** donne lecture des lettres d'excuses qu'il a reçues :

MM. les maires de l'Alma, de Bouzaréa, La Réghaïa, Camp-du-Maréchal, Aïn-Sultan, Les Attafs, ne peuvent assister aux réunions du Congrès, mais se rallient aux décisions qui seront prises.

M. le maire des Attafs adresse plusieurs vœux qui sont renvoyés pour examen à la troisième Commission.

**M. Aymes** au sujet du rapport présenté par M. Barbedette aux délégations financières, demande à poser au Congrès la question de savoir si réellement la situation financière des communes est aussi inquiétante qu'on le dit et s'il y a lieu de demander aux contribuables de faire un nouvel effort.

MM. Barbedette et Morinaud affirment, que les communes du département de Constantine se trouvent dans une profonde misère et n'arrivent pas à faire honneur à leurs affaires.

D'autre part, dans le département d'Alger et dans celui d'Oran, les grandes villes, par l'organe de leurs municipalités, tiennent le même langage.

Cette situation serait due aux charges écrasantes des frais d'hospitalisation et de l'instruction primaire, qui grèvent les budgets et menacent d'en détruire l'équilibre.

Mais il est reconnu que la plupart des petites communes et des communes moyennes, peuvent vivre avec les ressources dont elles disposent. Aussi peut-on se demander s'il est bien nécessaire d'imposer aux contribuables de nouvelles charges ?

Il faut donc poser cette question au Congrès avant toute autre : la majorité du Congrès estime-t-elle qu'il y a lieu de créer en faveur des communes des ressources nouvelles ?

Si ces ressources nouvelles n'ont pas leur raison d'être, la discussion est close.

Mais si le Congrès demandait ces ressources nouvelles nous entrerions alors dans la discussion du rapport de M. Barbedette.

**M. Gueirouard.** — Messieurs, si le Congrès suivait M. Aymes et s'il décidait qu'il n'y a pas lieu à s'imposer de nouvelles charges, qu'arriverait-il ?

Les communes de Constantines demandant des ressources nouvelles, la colonie imposerait certaines marchandises et trouverait dans l'octroi de mer les fonds nécessaires pour équilibrer les budgets des communes de Constantine et nous que ferions-nous ?

Si les communes peuvent vivoter, elles vivotent difficilement. Avec de nouvelles ressources, beaucoup pourraient commencer des travaux pour avoir de l'eau potable dont elles sont dépourvues.

J'ai vu, au Conseil général, où j'ai eu l'honneur de représenter successivement deux circonscriptions, combien il était difficile d'obtenir des ressources pour faire rechercher l'eau potable.

Je suis donc étonné que M. Aymes ne soit pas partisan de nouvelles ressources ?

A mon avis nous avons intérêt à suivre le département de Constantine dans la création des impôts nouveaux, afin que les Communes puissent équilibrer leur budget plus facilement.

**M. le Maire** d'Alger dit qu'il vaut mieux attendre à demain pour élucider cette question, M. Common, rapporteur de la 1re Commission devant déposer son rapport à cette séance.

**M. Aymes** se rallie à cette proposition, mais il insiste pour qu'à la séance de demain on demande au Congrès si oui ou non il est nécessaire de demander un nouvel effort aux contribuables.

**M. Lafon,** Maire de Téniet-el-Haâd, tant au nom des habitants de sa commune, que de ceux des communes mixtes de Téniet-el-Haâd et du Sersou, dépose le vœu suivant :

*Le soussigné, agissant tant au nom de la commune de Téniet-el-Haâd que des communes mixtes de Téniet-el-Hâad et du Sersou, émet le vœu que le Congrès des Maires veuille bien comprendre parmi les questions à traiter celle, si importante, de la « Sécurité » dans les centres agricoles et dans les fermes isolées.*

*Il signale au Congrès, que dans les six mois qui viennent de s'écouler, il a été volé plus de 60.000 francs de bêtes de trait au détriment des colons de sa région à Téniet-el-Haâd, Vialar et Sersou.*

*Et attendu que pareil état de choses constitue une entrave sérieuse au développement de la colonisation, il sollicite du Congrès la nomination d'une Commission chargée de présenter à la réunion plénière de demain, 22 mars, des propositions en vue de tenter de faire cesser le brigandage qui désole depuis trop longtemps la partie Sud-Ouest du département d'Alger tout spécialement.*

*La voix du Congrès devant être autrement efficace, que les réclamations isolées des victimes de ces vols, le soussigné espère que l'Assemblée voudra bien prendre son vœu en considération.*

Signé : G. LAFON,
*Maire de Téniet-el-Haâd.*

Ce vœu est renvoyé à la 3e Commission.

**M. Ehrenpfort,** Maire de Courbet, dépose le vœu émis par le Conseil Municipal de sa commune, dans la séance du 21 novembre 1909 et dont voici la teneur :

*Le Maire expose au Conseil qu'un projet de loi a été déposé par M. Albin Rozet, député, tendant à la suppression des pouvoirs disciplinaires de M. le Gouverneur Général et des Administrateurs.*

*Toutes les personnes, dit-il, qui habitent l'Algérie depuis quelque temps et en particulier les Colons qui sont en contact journalier avec les indigènes, ont constaté que ceux-ci craignent beaucoup plus l'action administrative, que celle de l'autorité judiciaire dont les condamnations les laissent indifférents ; si ces pouvoirs disciplinaires sont retirés aux fonctionnaires de l'administration, ce sont les Colons et les propriétaires indigènes honnêtes qui en supporteront les premiers les conséquences.*

*Il n'est pas douteux en effet que les malfaiteurs indigènes dégagés de la crainte salutaire qu'ils ont de l'autorité administrative, redoubleront d'audace au grand détriment de la sécurité des campagnes.*

*Je vous demande donc, dit le Maire, d'émettre le vœu que les pouvoirs disciplinaires de M. le Gouverneur Général et des Administrateurs, loin d'être supprimés, soient même augmentés, le budget de la Colonie tout autant que la sécurité devant y trouver leur compte.*

*Le Conseil vote, à l'unanimité, ce vœu et décide qu'un exemplaire de sa délibération sera adressé à MM. les Sénateurs et Députés de l'Algérie, à M. le Gouverneur Général, à MM. les Préfets des trois départements et à toutes les Municipalités de l'Algérie.*

Courbet, le 1er décembre 1909.

POUR EXTRAIT CONFORME :

*Le Maire,*

Signé : EHRENPFORT.

Ce vœu est également renvoyé à la 3e Commission.

**M. Lafon,** désireux de fournir quelques explications à la 3e Commission, demande à quel moment il pourrait être entendu.

**M. Outin,** Maire de Tipaza, Président de cette Commission, prie son collègue de vouloir bien assister à la réunion qui aura lieu le 22 courant, à 10 heures du matin.

**M. Valcada** demande que les questions étudiées par la 3e Commission soient portées en tête de l'ordre du jour de la réunion plénière du 22 mars.

Satisfaction lui est donnée.

**M. Savignon** donne ensuite lecture de son rapport sur l'Exposition d'Alger.

Messieurs et chers Collègues,

Bien que le Congrès des Maires du département d'Alger se soit spécialement réuni pour étudier les graves questions relatives aux ressources communales, je ne crois pas m'écarter beaucoup des préoccupations essentielles de notre programme et des problèmes que le mandat de nos électeurs impose à notre attention, en vous présentant un rapport sur l'Exposition de 1913, sur l'état actuel de ce projet et sur les résultats que l'Algérie tout entière est en droit d'attendre de sa réalisation.

Il m'a semblé que je vous devais cette communication, tout d'abord parce que les Conseils municipaux des trois départements ont été sollicités de donner leur concours financier à cette œuvre importante dont les conséquences pour la prospérité de la Colonie peuvent être si heureuses.

En effet, le 15 juin dernier j'avais l'honneur de soumettre au bienveillant examen de MM. les Maires d'Algérie une demande de subvention pour l'Exposition de 1913, et le 20 décembre je leur confirmais cette demande en portant à leur connaissance que le Conseil municipal d'Alger avait voté 300,000 francs, le Conseil général d'Alger 160.000 francs et que la Délégation financière des colons s'était prononcée en faveur du principe d'une subvention du budget algérien.

Puisque toutes les communes algériennes sont ainsi appelées à soutenir de leurs deniers le projet d'exposition, il était juste que, profitant de l'occasion précieuse du Congrès des Maires, je justifie à vos yeux les démarches déjà faites auprès de vous et que, vous faisant partager la foi qui m'anime et a soutenu mes efforts, malgré les obstacles du chemin, je vous détermine à adopter vous aussi ce projet et à travailler ardemment à son succès total.

En second lieu et pour achever votre édification, il m'a paru opportun de préciser devant vous le caractère que doit avoir l'Exposition et de vous signaler les résultats divers que nous en attendons pour l'ensemble du pays, donc pour toutes les communes des trois départements.

Pour plusieurs d'entre vous, ce dernier argument n'aura qu'une force de confirmation. Dès la première démarche de la Municipalité d'Alger, beaucoup de Conseils municipaux ont compris l'intérêt d'une telle solennité, d'un tel afflux de curieux et de touristes, d'une telle concentration d'activités industrielles et commerciales se mettant en contact étroit avec la terre algérienne. Des esprits loyalement attachés à la prospérité du pays, conscients de la poussée d'initiatives, de l'émigration de bras et de capitaux qui peuvent sortir d'une grande manifestation économique de cette nature, ne devaient pas hésiter à soutenir le projet. Ils l'on fait sans demander plus et la spontanéité de leur concours a mesuré, mieux que l'importance de ce concours, leur judicieuse façon de concevoir et de seconder les intérêts de l'Algérie.

Mais dans une pareille circonstance, c'est à l'unanimité des collaborations qu'il faut tendre pour bien marquer que pas une bourgade algérienne ne voudra rester étrangère au succès d'une entreprise profitable à la Colonie tout entière.

Aussi ai-je pensé à ceux d'entre vous dont les Conseils municipaux ne se sont pas encore prononcés et qui attendaient sans doute d'être documentés de façon plus précise pour nous envoyer leur adhésion et leurs encouragements. Chose singulière! c'est uniquement en Algérie, dans le pays qui doit retirer les avantages matériels et moraux les plus clairs d'une Exposition que se sont manifestées des oppositions. Ailleurs, en France et même à l'Etranger, dans les milieux qui se préoccupent du développement des colonies, de leur commerce et de leurs industries, parmi les amis métropolitains de l'Algérie, l'accueil le plus sympathique et le plus décidé à agir fut fait à l'idée d'une Exposition et dès la première heure, les plus puissants concours s'affirmèrent acquis et convaincus, prêts à entrer en action et à mettre en mouvement leur expérience et leurs organisations spéciales.

Il n'en fût pas de même parmi nous, dans la Colonie, au profit de laquelle offraient de travailler tant de compétences avérées. Les déformations que la passion politique inflige à toutes choses, s'attaquèrent au projet et essayèrent de le tuer dans l'œuf; les vertueux citoyens qui ne peuvent voir se dresser une initiative sans lui imputer les plus vils desseins tentèrent de semer autour de nous les soupçons et la calomnie. D'autres se contentèrent d'un persiflage souriant ou de prophéties pessimistes.

Ces oppositions inattendues eurent pour premier effet de retarder la mise en marche de l'organisation et de refroidir un moment le zèle des concours métropolitains que cette attitude des intéressés immédiats surprit un peu. Elle n'auront pas raison de la ferme volonté qui a mené le projet à son état actuel et qui, s'appuyant sur les concours gagnés déjà au projet, forte de l'absence de toute compromission, de tout calcul ou de tout profit, s'appliquera sans faiblir à la réalisation heureuse de l'Exposition pour le plus grand bien de l'Algérie.

Mais pour donner à cette œuvre son envergure et son plein effet, nous avons besoin de vous tous, Messieurs et chers collègues, et c'est pourquoi je me suis proposé de ne pas feindre ignorer les arguments et les arguties qui se sont opposés au projet d'Exposition, afin que chacun de vous soit édifié et puisse, sans scrupule, nous donner le concours sollicité, le concours d'un Maire conscient des intérêts de sa commune, le concours d'un algérien passionné pour la Colonie et pour son avenir.

## I

Une première précision me tient au cœur et elle m'importe plus que toutes les autres devant un auditoire de magistrats municipaux.

On a accusé le Maire d'Alger d'avoir voulu faire de l'Exposition une manœuvre électorale.

Ceux d'entre vous qui me connaissent savent par suite de quelles circonstances j'ai été porté à la Mairie d'Alger et ils ne peuvent pas ignorer combien peu la préoccupation d'une réélection a déterminé le moindre de mes actes.

Ayant assumé une mission difficile, je l'accomplis de mon mieux, avec le sentiment de son importance et de ses responsabilités, avec l'unique souci de mériter la confiance de mes concitoyens, avec la certitude d'avoir mis au-dessus de tout, les intérêts supérieurs de la Ville, même au prix des haines des intérêts privés contrariés dans leurs appétits.

Quand le projet d'une grande Exposition à Alger s'imposa à mon esprit, il trouva bien vite ma conviction toute faite. Quand on est depuis près de cinquante ans dans les affaires, quand on fait partie depuis bientôt vingt-cinq ans du Comité français des Expositions, quand on a été plus de vingt fois membre des comités d'organisation et des jurys des récompenses à toutes les Expositions universelles françaises et étrangères, on n'a pas besoin d'une imagination subtile pour comprendre quels avantages la ville qu'on administre peut retirer d'un de ces tournois internationaux.

Quand on connaît l'Algérie, surtout pour y avoir transporté depuis longtemps son activité, une partie de ses intérêts et de sa fortune, on n'a pas besoin de beaucoup d'autres raisons pour désirer voir aboutir un projet destiné à favoriser l'essor de la Colonie en lui conciliant des amitiés et des initiatives nouvelles.

Il n'en fallait donc pas plus pour me donner corps et âme à l'Exposition et toute pensée électorale était si loin de mes calculs que je fus le premier, quand les atermoiements produits par les oppositions inattendues venues d'Alger parurent devoir rendre difficilement acceptable la date préalablement suggérée ; je fus le premier, dis-je, à demander que l'Exposition fût reportée à 1913 voire même à 1914.

Ce qui importait, tant à la ville d'Alger qu'à l'Algérie, c'était que l'Exposition eût lieu et qu'elle fût un succès, que la France y trouvât une occasion d'aimer plus encore, en la connaissant plus intimement, sa grande colonie africaine, que l'Algérie recueillît le plus possible les bienfaits matériels et moraux de cette manifestation, de ses progrès, de ses ressources et de sa vitalité.

Tel était le mobile unique du Maire d'Alger et de son Conseil municipal.

Ces considérations suffisaient à entretenir notre zèle et nous y ajoutions le sentiment plein de réconfort que même si nous n'étions plus là, nous aurions eu la joie de léguer à nos successeurs une œuvre utile à la Ville et à nos concitoyens, une œuvre utile à l'Algérie.

Les Municipalités passent au gré des électeurs et des vents politiques ; mais les intérêts supérieurs des communes restent et ce serait faire aux Maires qui m'entendent l'injure la plus cruelle et la plus humiliante que de supposer leur dévouement et leur activité mûs uniquement par l'espoir de conquérir à nouveau les suffrages de leurs mandants. Ils nous accorderont à leur tour que nos projets, parce qu'ils étaient dégagés de toute préoccupation électorale méritaient l'adhésion unanime des algériens.

## II

Les oppositions, dans leur acharnement à priver l'Algérie du bénéfice d'une Exposition, ne s'en tinrent pas à ce grief électoral.

Elles imaginèrent de reprocher au Maire d'Alger de vouloir faire une Exposition algéroise profitable uniquement à la capitale et à ses habitants.

Quand on veut nuire à une idée, on ne s'embarrasse pas de trop de logique et de réflexions; s'il en était autrement, une pareille argutie n'aurait pas vécu ce que vivent les roses.

On se demande en effet quel concours aurait trouvé en France, auprès des Comités des Expositions, auprès des établissements financiers, auprès des Compagnies de transport, auprès du Gouvernement et des sommités du Commerce et de l'Industrie, un projet particulariste et mesquin, rapetissé au point d'être irréalisable et mort né.

Jamais, à aucun moment de l'évolution du projet, les représentants de la Ville d'Alger n'ont envisagé une conception si étroite. Ils ont désiré que l'Exposition se fasse à Alger, Capitale de l'Afrique du Nord, centre de Gouvernement, port d'aboutissement des grandes lignes de tourisme et d'immigration, foyer principal de l'activité économique de l'Algérie et de ses échanges avec la Métropole et l'Étranger. Ce vœu était légitimé par la situation géographique et politique de la Ville ; mais il ne pouvait pas entrer dans leur esprit que l'Exposition projetée fût autre chose qu'une Exposition algérienne, algérienne dans toute l'acceptation du mot par son caractère, par son organisation, par son but et par ses conséquences.

Alger n'est pas toute l'Algérie. Elle n'en est que le seuil. La capitale représente un microcosme particulier d'activité commerciale, au centre de pensée et de direction administrative, une ville, entre toutes, d'hivernage et d'agréable séjour. Mais l'Algérie est ailleurs aussi : elle est dans vos villes et dans vos villages, partout où des Français ont apporté les qualités de travail de notre race, partout où de vaillants colons ouvrent le pays à la culture et à la civilisation, partout où la France a mis son empreinte : elle s'étend tous les jours un peu plus loin dans nos trois provinces et ne s'arrête que là où nos trois couleurs ne projettent plus leur ombre tutélaire.

Alger fait partie du visage souriant de l'Algérie; elle en est la façade accueillante, mais elle ne fait que laisser deviner le corps si vaste, si divers, de l'immense colonie.

C'est pourquoi nous n'avons jamais voulu qu'une Exposition algérienne, synthétisant toute l'Algérie, faite par toute l'Algérie et pour toute l'Algérie.

Comment fut présentée aux Délégations Financières la demande de crédit dont la totalisation devait faciliter la réalisation d'un projet d'Exposition internationale et coloniale à Alger ?

Le vœu de MM. Delphin, Broussais et Colomiès fut rapporté par M. Bons, délégué de l'Oranie.

Le rapporteur posa tout de suite la question sur son véritable terrain : il s'agissait de faire connaître à la France l'Algérie, l'Algérie d'aujourd'hui nettement en progrès dans toutes les branches de son développement économique et l'Algérie de demain avec les brillantes perspectives qui lui sont ouvertes. « Il appar-» tient, disait M. Bons, aux assemblées qui ont fait l'Algérie ce » qu'elle est, de s'associer à tous les efforts, d'aider à la réalisa-» tion de toutes les idées généreuses qui ont pour but et pour » idéal l'Algérie de demain. » Et M. Bons, en demandant une subvention importante, concluait : « Comme tous ceux que vous con-» sentez ce sacrifice momentané sera une œuvre d'intelligente » prévoyance parce qu'il compensera, et bien au delà, par l'inten-» sité de vie que feront circuler dans toute la colonie la prépara-» tion et la réalisation de l'Exposition internationale et coloniale, » parce qu'il encouragera les capitaux en multipliant les débou-» chés, parce que, surtout, en faisant comme je le disais plus » haut, connaître, et par suite aimer l'Algérie, il contribuera » puissamment à sa prospérité et par là même à la grandeur de la » France, but suprême vers lequel tendent tous nos efforts. »

M. Marchis, délégué de Bône, se déclarait prêt à voter « parce » qu'il s'agit non d'une œuvre algéroise mais d'une œuvre algé-» rienne qu'en notre qualité de représentants des intérêts algé-» riens nous avons le devoir d'encourager. »

Les conclusions furent votées et pas un Délégué financier ne s'imagina avoir soutenu une œuvre dont la Ville seule pouvait tirer profit.

Nous avions, nous mêmes, en toute circonstance, affirmé le caractère du projet.

Dans un rapport adressé à M. le Préfet d'Alger le 29 juin 1909, après avoir noté les chiffres atteints par le commerce d'échanges de la France et de l'Algérie, nous écrivions :

« Il va donc falloir s'ingénier à atttirer ici d'importants capi-
» taux ; il est indispensable de faire connaître l'Algérie, de mon-
» trer aux yeux du monde entier les admirables ressources de ce
» pays et les profits qu'on en peut tirer. »

Plus loin :

« L'Exposition projetée ne doit pas être et ne sera pas en effet
» l'œuvre particulière de la ville d'Alger. Elle en dépassera le
» cadre pour profiter à l'Algérie tout entière, la faire mieux con-
» naître, mieux apprécier, la faire mieux aimer encore. »

Dans le rapport que nous adressions quelques mois après à la Commission municipale, développant toujours la même idée, nous écrivions :

« De même il ne faut pas perdre de vue que l'Algérie doit
» surtout tirer le plus grand profit de cet afflux de visiteurs. Dans
» ce but le complément indispensable de l'Exposition et des nom-
» breux Congrès projetés sera une organisation parfaite de
» voyages d'étude et de tourisme *dans tous les coins de la Colonie*,
» afin que tous les visiteurs prennent contact avec le pays et ses
» ressources et, nous connaissant mieux, deviennent pour la
» Colonie des amis disposés à travailler avec nous à sa prospérité. »

Vous le voyez, Messieurs et chers collègues, jamais aucune des personnes qui s'intéressèrent à ce projet ne s'arrêta à la pensée insoutenable d'une œuvre purement locale. Leur conception envisagea toujours et de plus en plus une Exposition algérienne et c'est pourquoi elle a conquis tout de suite les sympathies du Gouvernement, des Comités français et des Assemblées algériennes.

L'Exposition sera donc algérienne. Elle représentera, concentrée en un point donné, la sympathie de la colonisation française, des magnifiques efforts de la France et des Français en Algérie.

Ce que nous voulons, c'est montrer avec une coquetterie pardonnable, le chemin parcouru, le résultat des sacrifices de la Métropole, de l'activité et de la persévérance des colons, le vaste champ ouvert en Algérie aux hommes d'initiative.

A l'Exposition Franco-Britannique de Londres, les Canadiens avaient écrit en lettres énormes dans leur pavillon : « Nous
» sommes six millions. Nous pourrions être bien davantage et

» nous trouver au large. Venez, vous qui vous pressez sur la » vieille Europe. Pour tout impôt nous vous grèverons d'une taxe » de capitation de cent francs. »

A notre tour nous voudrions pouvoir dire à nos frères métropolitains :

« Nous sommes à peine trois cent mille Français en Algérie » alors qu'il y aurait de la place pour dix fois plus de nos compatriotes. Venez, vous qui avez des bras solides et qui aimez le » travail dans la vie libre des champs. Venez, vous qui avez besoin » d'essaimer pour échapper au morcellement de la propriété. » Venez, vous qui avez quelques capitaux disponibles et qui voulez » les voir prospérer rapidement. L'Algérie est terre française, » l'existence y est heureuse par l'ordre et le travail. Au milieu de » nous vous n'êtes pas expatriés. Venez et ce pays vous conquerra » comme il nous a conquis nous-mêmes et vous grossirez les rangs » de ceux qui, dans cette belle Afrique du Nord, sont les ouvriers » largement récompensés de la prospérité et de la grandeur de la » France. »

Autour de ce noyau de l'Exposition Algérienne, nous chercherons a grouper les autres colonies et protectorats de la France en Afrique.

Le problème colonial a encore beaucoup de données qui ne sont pas définitivement fixées. Les méthodes les plus différentes lui sont appliquées, tant au point de vue social qu'au point de vue économique : de graves préoccupations s'imposent aux métropoles impatientes de tirer le meilleur parti de leurs possessions extérieures tout en accomplissant dignement leur mission civilisatrice.

L'œuvre personnelle de la France est très diverse en raison de de la dispersion sur le globe de ses colonies. Il y aura donc un intérêt considérable à concentrer au seuil de l'Afrique dans un cadre prédestiné, les résultats obtenus dans les colonies africaines pour que de l'analyse des procédés, de la juxtaposition des méthodes et de leurs résultats, il puisse sortir des indications précieuses susceptibles de hâter l'essor des colonies françaises.

L'Exposition sera donc coloniale et cette partie de son programme est déjà assurée d'un succès considérable car nous avons obtenu le concours du Comité national des Expositions coloniales présidé par M. Saint-Germain, sénateur d'Oran, comité qui compte déjà

700 membres et assure l'adhésion des Colonies françaises et un nombre considérable d'exposants.

La France prendra une très large part à l'Exposition. C'est qu'elle attend beaucoup de son domaine colonial ; elle y cherche des débouchés et elle désire y trouver de plus en plus des matières premières pour sa marine de commerce pour ses industries de transport et ses manufactures. Elle a un grand intérêt à se trouver en contact, sans déplacement trop onéreux, avec les producteurs et les consommateurs de ses diverses possessions, surtout avec la population algérienne avec laquelle ses opérations annuelles d'échange atteindront bientôt le milliard.

D'ailleurs, j'ai hâte de le dire, si l'Exposition a trouvé en Algérie des sceptiques, voire quelques opposants, elle n'a rencontré en France qu'un accueil chaleureux et empressé. Dès les premiers jours j'ai obtenu le concours du Comité Français des Expositions à l'Étranger présidé par le sénateur Dupont, qui compte actuellement 2,500 membres et réunit les plus grands noms du monde politique, industriel, commercial, agricole, artistique et littéraire.

L'adhésion officielle de ce comité entraîne nécessairement celle de tous ses groupements et la participation de plusieurs milliers d'exposants français.

A cette participation si précieuse du Comité Français et du Comité National correspondra — nous en avons l'assurance — la participation de la France. Le Gouvernement consulté dès l'année dernière a donné les encouragements les plus flatteurs au projet de l'Exposition. La France qui a manifesté son intérêt pour toutes les Expositions auxquelles le pays était appelé à participer, pourrait-elle se désintéresser de celle qui se tiendra en Algérie, qui sera la glorification d'une très belle page de son histoire coloniale et qui ouvrira certainement des horizons nouveaux à son expansion économique?

De ce côté encore nous avons des assurances dont le meilleur garant est la sollicitude éclairée et très active de M. le Gouverneur général qui nous a donné en cette affaire un concours excessivement précieux, ce qui n'étonnera personne, ni ici, ni de l'autre côté de la Méditerranée.

Aux caractères que nous venons de fixer pour l'Exposition de 1913, nous aurions voulu pouvoir ajouter que l'Exposition serait internationale.

Par internationale nous entendions une Expositon ouverte aux nations autres que la France qui, sollicitées, pourraient avoir intérêt à y figurer soit comme puissances coloniales, soit seulement comme puissances industrielles.

Non point que nous avons la prétention d'obtenir le concours de tous les pays de l'ancien et du nouveau monde ; mais simplement dans l'espoir que plusieurs de ces pays accepteront notre invitation et voudront prendre une part effective à cette grande solennité.

L'œuvre de la colonisation française en Algérie et dans nos autres possessions n'intéresse pas seulement la France qui en fût l'instigatrice et l'artisan principal. Elle intéresse aussi l'Étranger qui peut y apporter des initiatives et des capitaux et qui peut être sollicité par le désir de venir sur place mettre en parallèle ses procédés de colonisation avec les nôtres.

Il nous paraissait bon aussi que l'étranger chez lequel nous cherchons des débouchés pût juger et connaître sur place les produits qui l'intéressent.

Enfin, l'étranger alimente en majeure partie le tourisme, tous les ans plus important, qui se répand dans nos trois provinces algériennes et contribue si puissamment à répandre dans l'univers les notions de l'attrait et du charme de l'Algérie.

Or, le meilleur moyen de décider l'étranger de venir à l'Exposition de 1913, c'était de l'y déterminer par ses intérêts immédiats. C'était de le convier à participer lui-même à l'Exposition. Une section étrangère amène forcément ses nationaux et les échanges d'idées, de marchandises, de projets et d'intérêts se font nombreux et faciles dans le cadre d'une Exposition internationale.

L'Europe est allée à Philadelphie, à Chicago, à Sydney, à Melbourne, à Hanoï ; elle se prépare à aller à Buenos-Ayres. Pourquoi ne serait-elle pas venue à Alger ?

A cette partie de notre programme le Comité Français des Expositions à l'Étranger a présenté des objections très sérieuses. Il lui a paru que l'internationalisation de l'Exposition pouvait comporter des aléas au point de vue de l'exécution matérielle et des risques financiers de l'entreprise. D'autre part, sa commission d'initiative et d'enquête a craint que, ainsi envisagée, la manifestation projetée ne fut pas en rapport avec l'importance du pays et de la Ville, avec les ressources que peut offrir Alger au point de vue hôtels et logements, avec les facilités d'accès maritimes et terrestres, avec les chances de retenir les hôtes plus ou moins longtemps, avec les moyens financiers dont on peut disposer sans risquer la moindre aventure.

Le Comité Français a donc jugé prudent de limiter l'Exposition à la Métropole, à l'Algérie, aux Colonies, Pays de protectorat ou même de la France sur le continent africain, en y joignant subsidiairement les colonies africaines des nations étrangères. Il estime qu'un tel programme exécuté sur de larges bases, servirait mieux le développement de l'influence française en Afrique qu'une démonstration plus étendue, mais forcément superficielle et donnerait, au profit de notre patrie, des résultats plus féconds et plus pratiques.

Ce point de vue, ainsi envisagé, a amené la commission à préconiser l'emploi du titre :

*Exposition Universelle Franco-Africaine*

« Universelle » signifie admettant l'universalité des produits. L'expérience a démontré que, lorsque les promoteurs d'une Exposition limitent l'admission des objets en restreignant la classification, ils sont fatalement amenés à étendre leur programme au cours des opérations d'organisation.

Les Expositions d'Amsterdam (1893) de Milan (1906) à classification restreinte au début, sont devenues ensuite universelles.

Le mieux est donc de déclarer d'avance que l'Exposition d'Alger sera *universelle* en ce qui concerne la nature des produits à admettre et d'adopter, conformément au vœu du Comité Français, la classification de Le Play amendée par M. Alfred Picard.

Les promoteurs de l'Exposition ne pouvaient que se ranger à l'avis autorisé des compétences constituant le Comité Français des Expositions à l'Etranger, tout en remerciant cette puissante association de bien vouloir donner son haut patronage et son concours à notre modeste initiative.

Avec de tels éléments, il n'y a plus à douter du succès de l'Exposition et l'on peut entrer en toute confiance dans la phase d'organisation.

Que si quelques esprits timorés s'inquiétaient encore des moyens de transport, nous pourrions, pour les rassurer pleinement, les renvoyer à nos grandes Compagnies, Chemin de fer P.-L.-M., Cie Transatlantique, dont les administrateurs les plus éminents sont les partisans les plus passionnés de notre Exposition et prennent déjà des mesures pour satisfaire au mouvement insolite de voyageurs dont ils escomptent avec nous la venue.

## III

A n'examiner que les lignes principales du programme défini ci-dessus, on pressent déjà les conséquenses multiples et considérables de cette concentration en Algérie pendant quelques mois, de l'attention mondiale, du courant des affaires et de l'échange des idées sur les réalités coloniales.

Comme les communes et le budget de l'Algérie seront amenés à participer à la formation du budget de l'Exposition, il sera peut-être bon de pousser plus loin l'estimation des résultats capables de justifier les sacrifices demandés.

Je rappellerai en passant que le principe adopté sera la répartition des subventions accordées sur plusieurs exercices consécutifs. C'est ainsi que procéda la Ville de Paris en se réservant de verser les 20 millions de subvention de l'Exposition de 1900 en quatre annuités. La Ville d'Alger a voté 300.000 francs payables sur cinq exercices. Les autres municipalités, les départements et la Colonie adopteront également cette façon pratique qui leur permettra, sans trop alourdir les budgets annuels, de consacrer à cette œuvre si intéressante pour tous, une somme de beaucoup supérieure à celle qu'elles auraient pu accorder si elles avaient dû en imposer la charge à un seul budget.

Lorsque l'Exposition de 1900 fût décidée, au mois de juillet 1892, des oppositions traditionnelles se manifestèrent et parmi elles, il s'en trouva qui invoquaient sérieusement la stérilité de ces grandes foires pour l'ensemble du pays.

Or, il se trouvait que l'Exposition de 1889 n'était pas assez loin du débat pour qu'on eût oublié ses splendides résultats. Ses 28 millions de visiteurs avaient laissé à Paris 1250 millions de francs dont 750 millions de l'étranger. Pouvait-on soutenir que cette manne avait profité aux seuls parisiens ? Ce serait d'abord nier la loi de la répercussion générale de la prospérité, cette loi que nous voyons tous les jours appliquée sous nos yeux par l'étroite solidarité de la consommation et de la production. Ce serait ensuite supposer que cette véritable manne d'argent a été séance tenante enfouie par ceux qui l'ont reçue, alors que tout le monde, même les provinces les plus éloignées en eurent leur juste part. Des départements partaient tous les jours de longues files de trains déversant dans la capitale les denrées alimentaires et les autres objets destinés à la vente. Des départements vinrent de nombreux ouvriers qui eurent du travail pendant de longs mois sur les chantiers. Des départements vinrent la pierre, la chaux, le ciment, les métaux et autres matériaux de construction. Il se produisit un tel mouvement d'hommes, d'affaires, de choses, de capitaux que la plus value des recettes des chemins de fer atteignit 78 millions, que l'impôt sur la grande vitesse donna un rendement supplémentaire de 12 millions et l'exploitation postale un accroissement de recette de 7 millions.

Que dire, après ces chiffres, des bénéfices matériels, de la renommée et de l'honneur que l'Exposition de 1889, valut à la République Française. Ils ne peuvent pas s'exprimer mathématiquement, mais ils furent considérables et s'ajoutèrent brillamment au bienfait des millions entrés dans la circulation générale.

Toutes proportions gardées, l'Algérie a le droit d'attendre de son Exposition de 1913 des bénéfices matériels et moraux très importants.

Si on aborde un calcul, on s'étonne soi-même des résultats qu'il accuse. Cependant, en prenant un chiffre très bas, par exemple celui de 250 francs par visiteur, représentant moins que la moitié de ce que chaque visiteur de 1889 dépensa à Paris et en multipliant ce chiffre par 100.000 visiteurs, on trouve que chaque centaine de mille de nos visiteurs laissera en Algérie une somme de 25 millions. Or, étant donné qu'à Paris, en 1889, il y eut 28 millions de visiteurs et 60 millions en 1900, enfin 21 millions à Londres, il y a deux ans, on peut donc, sans crainte d'être taxé d'exagération, supputer plusieurs centaines de mille visiteurs à la future Exposition d'Alger.

Ces millions ne resteront pas à Alger. Alger sera comme une pompe aspirante et refoulante. Elle aura tenu un moment ce gros argent dans ses mains et elle le renverra dans toutes les directions, dans les fermes de ses colons, dans les ménages de ses ouvriers et même dans les caisses de ses communes et de son budget.

Notre octroi de mer n'augmente que suivant un coefficient d'accroissement assez faible. Ce compartiment de nos recettes ne trouvera-t-il pas l'aliment d'une forte plus-value dans l'augmentation de la population consommante pendant sept à huit mois ?

Nos chemins de fer, nos entreprises de transports, nos producteurs, nos industries locales, nos boutiquiers, nos hôteliers et restaurateurs n'auront-ils rien à retirer de cette grosse somme qui se répandra dans tout le pays ?

Nous l'avons dit dès le début : l'Exposition de 1913 n'aura son plein effet que si elle est organisée comme une étape de concentration des visiteurs d'où ceux-ci seront invités à rayonner dans tous les sens, partout où il y a quelque chose d'original ou d'intéressant à voir, partout où s'offre à l'étranger un sujet d'étude ou de curiosité.

Il en résultera forcément que l'argent apporté par les visiteurs non seulement se répandra dans toute la Colonie par le jeu naturel des échanges, comme une tâche d'huile rayonnant dans toutes les parties du territoire, mais aussi que cet argent se répandra directement partout où les excursions et voyages d'études auront amené nos hôtes.

Mais si les résultats matériels d'une Exposition se présentent à l'esprit comme très importants et apparaissent comme une des raisons qui font se multiplier ces majestueuses et utiles solennités, que dirons-nous des résultats indirects, économiques et moraux, que l'Algérie est en droit d'en attendre.

Leur simple énumération donne tout de suite la mesure de leur i portance.

Mettre en évidence les ressources de la Colonie encore si peu connues, même dans la Métropole ; résumer les efforts tentés et les améliorations réalisées et, par là ouvrir à l'activité nationale l'immense champ de l'Afrique française ; nous attirer des sympathies et des collaborations ; susciter l'esprit d'émulation et d'entreprise ; créer une recrudescence de l'immigration humaine et de l'immigration des capitaux nationaux ; montrer au sens industriel de la France les matières premières de l'Algérie ; augmenter les capacités de production et de consommation de la population locale ; ajouter à cela les bienfaits des relations qui se créent pendant l'organisation et pendant la durée d'ouverture, des échanges d'idées qui se feront dans les nombreux Congrès organisés sur des matières particulièrement choisies ; enfin couronner le tout par une pénétration plus intime et plus affectueuse de la France dans toutes les parties de sa Colonie. Tels sont les résultats considérables et faciles à obtenir du projet.

Ils vous paraîtront assurément, Messieurs et chers Collègues, mériter le concours de toutes les communes algériennes comme ils nous vaudront la collaboration passionnée de tous les habitants de la Colonie unis dans le même sentiment de défense de leurs intérêts et dans la même pensée de servir les intérêts supérieurs de la France.

## IV

Quel est l'effort financier à demander aux communes et à la Colonie ?

Dans un projet de budget présenté par M. Le Pellerin de La Touche, le distingué administrateur du P.-L.-M. qui a donné les soins les plus attentifs et les conseils les plus sympathiques à l'étude de l'Exposition, la subvention de l'Algérie figure pour deux millions, celle de la Métropole pour un million et celles des départements et des communes pour un million.

Ces chiffres paraissent devoir être atteints surtout avec la faculté pour les budgets appelés à cette participation de répartir leur subvention sur plusieurs exercices, 4, 5 au besoin.

Les Délégations Financières auront à se prononcer dans leur prochaine session. D'ici là nous espérons fermement que l'unanimité se sera faite dans la Colonie pour soutenir l'Exposition de 1913.

Parmi les oppositions manifestées, il en est d'origine purement politique qui ne pourront plus s'exercer lorsque la population aura compris que l'heure n'est plus aux disputes vaines de personnes ou de partis et que l'avenir de l'Algérie, l'intérêt de la France, valent bien une trêve.

On se rappelle que l'Exposition de 1900, malgré les résultats si remarquables et de tout ordre de celle de 1889, fût l'objet de violentes campagnes menées par des hommes de lettres d'un talent affiné, par des ligues de décentralisation et par d'assez nombreux députés. Une grande bataille se livra à la Chambre et au Sénat, tantôt purement académique et rééditant les arguments les plus anciens, détruits par toutes les expériences antérieures, tantôt plus âpre et rendue plus objective par l'antagonisme préconçu des partis politiques.

Mais quand la loi du 13 juin 1896 fut promulguée, il y eût un élan général et unanime ; la France entière se mit à l'œuvre sans une note discordante et l'on sait quel magnifique résultat produisit cette collaboration de tous.

Nous espérons fermement que le même apaisement et la même unanimité se produiront en Algérie. Quand on aura assez discuté pour savoir quelle part de paternité revient à tel ou tel, quand on aura reconnu la somme d'efforts qu'il a fallu prodiguer pour aboutir à un projet adopté par les Pouvoirs publics et par les milieux industriels et commerciaux, on se trouvera en présence d'une œuvre qui a pris corps et elle apparaîtra à tous si utile, si nécessaire, si désirable, que pas un Algérien n'osera plus la combattre et empêcher la caravane de passer.

Fort de cette unanimité, le Gouvernement Général, qui, nous le redisons volontiers, s'emploie avec tout son grand amour pour l'Algérie à la réussite du projet, n'aura pas de peine à obtenir des Délégations le sacrifice nécessaire.

Pendant ce temps les communes algériennes et les départements seront appelés à fixer le montant de leur contribution financière. Le département d'Alger a voté 160.000 francs, la ville d'Alger, 300.000 francs ; les autres collectivités auront à cœur de donner leur collaboration financière, la plus large possible, à une œuvre qui sera la plus belle glorification de la France africaine et qui aura les conséquences les plus heureuses pour notre chère colonie.

Quant ces étapes seront franchies, le Gouvernement présentera au Parlement un projet de loi portant attribution d'une subvention assurément importante. La Métropole ne peut pas se désintéresser d'un événement appelé à donner un nouvel et puissant essor au développement économique de sa plus belle colonie et à l'accroissement de ses échanges avec elle.

A partir du vote de la loi, le projet entrera dans la voie de la réalisation.

Le Commissaire Général sera désigné, des commissions consultatives techniques seront recrutées parmi les éléments algériens pouvant fournir des avis compétents sur les questions d'organisation, finances, voirie, instruction, concessions, monopoles, fêtes, réceptions, congrès, jurys, etc., etc. ; un comité sera chargé du recrutement, de l'admission et de l'installation, des exposants, conformément aux précédents établis par l'usage.

Vous le voyez, Messieurs et Collègues, après la période forcément longue, allongée d'ailleurs par les inutiles polémiques, de l'évolution normale du projet, après bientôt deux ans d'efforts et de démarches, nous arrivons au moment où les idées forcément un peu vagues au début se précisent, où les concours s'affirment sur des données concrètes, où les échanges de vues aboutissent à un programme définitif.

Donc, « l'Exposition Universelle Franco-Africaine » se tiendra à Alger en 1913. L'Algérie la veut, la France la désire. Les Assemblées algériennes se montrent décidées à y collaborer ; Le Comité Français et le Comité Colonial lui donnent leur appui et leur puissant concours ; les pouvoirs publics, dans la Colonie comme dans la Métropole, l'encouragent fortement ; rien ne peut plus s'opposer à l'exécution de ce projet passionnant.

Je me trompe, une seule chose pourrait l'empêcher ; ce serait ou l'indifférence ou la mauvaise volonté des Algériens les premiers intéressés à son organisation et à son succès.

Mais ni cette indifférence ni cette mauvaise volonté si coupables l'une et l'autre ne se manifesteront. Au contraire, nous oublierons nos dissensions pour nous grouper autour de l'Exposition de 1913 et pour rendre cette manifestation digne de l'Algérie et de la France.

Et vous, Messieurs les Maires du Département d'Alger, vous donnerez l'exemple autour de vous. Vous nous apporterez le concours de vos Communes avides de contribuer à cette glorification de l'Algérie et à cette heureuse préparation de son avenir. Vous nous permettrez de compter aussi sur votre concours personnel, car il faut que l'Exposition soit aimée de tous les Algériens, comme on doit aimer de tout son cœur et de tout son patriotisme une œuvre faite uniquement pour aider au développement de la Colonie et pour en asseoir sur des bases plus larges encore la grandeur et la prospérité de notre chère Métropole.

La lecture de ce rapport est interrompue à différentes reprises par les applaudissement unanimes des Congressistes.

**M. Savignon** propose alors au Congrès le vœu suivant :

*Le Congrès des Maires du département d'Alger.*

*Après avoir entendu le rapport de M. Savignon, maire d'Alger, sur le projet de l'Exposition de 1913 ;*

*Considérant que toutes les communes algériennes ont le plus grand intérêt au succès de cette manifestation économique de la vitalité et de l'avenir de l'Algérie ;*

*Considérant que la participation de la France et des Colonies françaises resserrera encore plus les liens nouveaux qui unissent l'Algérie à la France ;*

*Emet le vœu :*

*Que MM. les Maires des trois départements proposent d'inscrire, dès cette année et les années suivantes, au budget de leur commune, des crédits dont la totalisation contribuera à faciliter, sous forme de subvention, la réalisation du projet.*

*Et les invite à agir auprès des Membres des Conseils généraux et des Délégations Financières de leurs circonscriptions, pour que ces Assemblées prennent la plus large part possible à l'établissement du budget de cette Exposition,*

*Le Maire,*
H. SAVIGNON.

**M. Berard.** — Je tiens à rendre hommage aux efforts de la Municipalité d'Alger, mais quelle que soit la confiance que nous puissions avoir en elle, je crois que nous irions un peu vite en adoptant au pied levé les conclusions du rapport, d'autant plus qu'on nous demande de prendre de graves engagements. Comment prendre l'engagement d'inscrire aux budgets communaux une subvention pour l'Exposition sans savoir ce qu'en pensent nos collègues des Conseils municipaux ?

Je suis complètement d'accord avec vous, mais je dois vous faire remarquer que des objections peuvent nous être faites dans nos Conseils municipaux. Se reconnaîtront-ils le droit de grever nos budgets communaux, si faibles déjà, en subventionnant un projet qui paraît ne pas avoir une consistance bien réelle encore, attendu qu'il a subi déjà plusieurs transformations ?

M. Savignon nous dit bien que la question des finances paraît résolue, mais on ne sait jamais ce que réserve l'avenir. Je crois qu'avant de se prononcer sur son vœu, il serait bon de le renvoyer à la Commission compétente pour connaître son avis. Malgré que ce projet soit merveilleusement ébauché, il est bien difficile de suivre d'une oreille docile un rapport aussi long. Je crois utile et sage de le renvoyer à la 3e Commission.

**M. Gueirouard.** — Je ne partage pas l'avis de mon collègue de Blida. Je rends hommage à M. Savignon pour avoir préparé l'Exposition. Ce n'est pas Alger seul qui profitera de cette manifestation, mais l'Algérie tout entière car comme l'a dit M. le Maire d'Alger dans son rapport, « Alger sera une pompe aspirante et refoulante », Par conséquent il nous faut faire tous un grand effort. Nous ne prenons pas du reste l'engagement ferme de faire voter une subvention par nos Conseils municipaux, mais nous prenons simplement l'engagement de leur soumettre une demande de subvention et si nos ressources communales le permettent de leur demander que cet effort soit le plus considérable possible.

Il faut à tout prix que la Colonie ait cette œuvre ; il faut que l'Exposition se fasse à Alger. Nous attirerons ainsi beaucoup d'hiverneurs, beaucoup de touristes, et c'est non seulement la ville qui en profitera, mais aussi la campagne. Je vous prie par conséquent de voter le rapport de M. Savignon et, ensuite, de faire un effort sérieux pour obtenir de vos Conseils municipaux le vote d'une subvention, la plus large possible.

**M. Durand,** Maire de Berrouaghia. — Je demanderai à M. Savignon s'il a pressenti l'Administration préfectorale au sujet des crédits à inscrire pour cette Exposition et sur la possibilité de les répartir sur plusieurs exercices.

**M. Savignon** déclare qu'il a non seulement l'avis favorable de la Préfecture, mais que le Conseil général lui-même a voté une subvention de 160.000 francs en faveur de l'Exposition à répartir sur plusieurs exercices.

**Un Congressiste.** — Je demanderai au Maire d'Alger si beaucoup de communes ont déjà voté des subventions et dans ce cas qu'il veuille bien nous faire connaître leurs noms.

**M. Savignon** déclare qu'il a déjà reçu beaucoup de réponses, que les Maires ont surtout tenu compte des ressources actuelles. Quelques Conseils municipaux ont fait des efforts sérieux, entr'autres celui de Miliana qui a voté une subvention de 1.500 francs.

Pour ne pas paraître engager vos Conseils municipaux sans les avoir consultés, au sujet de cette subvention, nous mettrons, si vous le voulez bien, au lieu du terme « inscrire » « proposons d'inscrire ». De cette façon il n'y aura pas d'engagement prématuré.

**M. Valcada.** — Je demande à renvoyer ce vœu à la 3e Commission.

**M. Gercet,** Conseiller municipal d'Alger. — Messieurs,

non seulement plusieurs communes ont souscrit, mais quelques-unes ont déjà envoyé à Alger le montant de leur subvention, et comme trésorier de la Commission de l'Exposition j'ai déposé ces fonds à la Banque de l'Algérie.

**M. Richard,** Maire de Médéa. — Le rapport de M. Savignon nous a laissé une bonne impression et d'avance nous sommes acquis au projet de cette Exposition. Mais nous ne pouvons prendre l'engagement ferme d'inscrire telle ou telle somme à nos budgets, car il nous est impossible de lier à l'avance nos Conseils municipaux.

Soyez assuré cependant, Monsieur le Maire, que nous sommes tout à fait séduits et que nous inscrirons dans notre budget les crédits que nous permettront nos ressources communales.

**M. Aymes** partage l'avis de son collègue Richard.

Il nous est demandé aujourd'hui non une subvention ferme, mais notre appui moral pour l'œuvre entreprise.

On nous demande l'engagement moral, non passif, mais actif, d'amener nos Conseils municipaux à voter une subvention. Nos Conseils municipaux nous suivront d'autant plus facilement que toutes les communes paraissent intéressées au succès de cette entreprise.

**M. Outin** demande si le rapport sera imprimé afin de pouvoir le présenter aux assemblées municipales.

**M. Savignon** répond que c'est justement pour le faire imprimer qu'il demande aux membres du Congrès l'approbation de ce rapport.

M. Savignon fait ensuite l'historique du projet de l'Exposition, faisant ressortir les grandes lignes du rapport dont il vient de donner connaissance, démontrant les avantages et l'intérêt que la Colonie tout entière en retirera.

**M. Berard** dit qu'il redoute les aléas. Il craint par exemple que pendant la durée de l'Exposition les communications ne soient interrompues entre la France et l'Algérie.

**M. Savignon** répond que nous pouvons avoir recours à la loi sur la liberté du pavillon en cas de grève maritime.

Il n'y a rien à craindre de ce côté là, attendu que nous pouvons avoir d'autres transports que les bateaux français, si ceux-ci nous faisaient défaut.

**M. Richard.** — Je demande à mes collègues d'émettre un vœu unanime pour la réussite de ce grand projet qui contribuera à assurer le bien-être à notre belle Algérie et à la Mère-Patrie, la France.

Ce vœu mis aux voix est adopté à l'unanimité.

**M. Savignon,** au nom de la Ville d'Alger, remercie ses collègues.

Il est décidé ensuite que la prochaine assemblée plénière aura lieu demain mardi, à trois heures du soir, pour terminer, si possible, les travaux du Congrès.

## Réunion plénière du 22 Mars 1910

---

Présidence de M. SAVIGNON, Maire d'Alger, assisté de MM. BÉRARD, GUIZARD, vice-présidents ; MM. LEBAILLY, GUEIROUARD, assesseurs ; M. BENOIT, secrétaire.

La séance est ouverte à 3 heures 1/2.

M. le Président donne lecture des lettres d'excuses de MM. les Maires de Ténès, Mouzaïa, Koléa, Kerba, Affreville qui ne peuvent assister au Congrès, mais qui se rallient à toutes les décisions qui seront prises.

**M. le Maire** d'Alger demande de vouloir bien compléter le vœu formulé par M. Valcada, maire de Palestro, au sujet du télégramme envoyé au Gouverneur général, qui s'est ému de la campagne menée actuellement dans le département de Constantine. M. Savignon croit utile d'envoyer à M. Jonnart un nouveau télégramme, dans le sens de celui qui lui a été adressé précédemment, mais renforçant le désir que nous avons tous de le voir rester à la tête de l'Algérie, le plus longtemps qu'il le pourra, pour continuer à défendre les intérêts de la colonie et faire aboutir le projet de l'Ouenza.

Il propose à l'assemblée le texte suivant :

« M. le Gouverneur général de l'Algérie, office Palais-Royal, Paris.

» Le Congrès des Maires, réuni dans la ville d'Alger, proteste hautement à l'encontre des retards injustifiés apportés par le Parlement au vote du chemin de fer Ouenza-Bône.

» Proteste contre les entraves apportées au libre jeu des institutions algériennes et au développement économique de l'Algérie.

» Renouvelle à M. le Gouverneur général de l'Algérie, ses plus sincères remerciements pour le dévouement et l'activité qu'il a déployés, lui exprime à nouveau toute sa confiance et le supplie, dans l'intérêt supérieur de l'Algérie, de continuer à défendre, à la tête de la colonie, les intérêts algériens qui ont plus que jamais besoin de sa haute influence et de tout son dévouement.

» SAVIGNON, *Maire, président,* »

Ce texte est adopté par l'unanimité des Congressistes.

**M. Savignon**, croit qu'avant d'entrer dans la discussion des différentes questions étudiées par les commissions, il convient d'établir l'ordre du jour.

Le rapporteur de la 3e commission demande la priorité pour la lecture du rapport qu'il a dressé, d'accord avec ses collègues.

**M. Lauprêtre**, maire de Cavaignac, dépose une motion préjudicielle sur la question de savoir si les Maires ont réellement qualité pour discuter la création d'impôts nouveaux.

**M. Aymes** dit que cette motion préjudicielle représente à peu de choses près la partie de l'exposé qu'il a fait hier à ses collègues.

Il disait, en effet, qu'avant de décider des modalités à employer pour se procurer des ressources nouvelles quelconques il convenait de prendre l'avis de chacun sur la nécessité de ces ressources nouvelles.

A son avis, on pourrait, sans inconvénient, reporter le vote de cette motion après la lecture du rapport de la 1re commission sur le rapport Barbedette; ensuite l'assemblée serait appelée à décider s'il y a lieu de discuter ou non les conclusions de ce rapport.

Il est décidé de renvoyer la motion préjudicielle, après la lecture du rapport de la commission.

**M. Lauprêtre** dit que cette motion préjudicielle avait précisément pour but d'écarter toute discussion sur le point de savoir s'il y avait opportunité ou non à créer des impôts nouveaux. Il croit que les Maires s'écartent de leurs droits et de leurs devoirs, en instaurant semblable discussion ; C'est l'affaire de l'Administration supérieure et des Délégations financières que de poser le principe d'impôts nouveaux.

Il faut aborder le fond de la question au plus tôt afin de ne pas engager ce débat, s'il est inutile.

Mais, cependant, comme le rapport de la 1re commission traite la question des impôts non proposés par M. Barbedette, il se rallie à la proposition de M. Aymes et il demande en conséquence de ne pas discuter encore cette motion préjudicielle.

**M. Savignon.** — Le président de la 3e commission demande de présenter à l'assemblée le rapport qu'il a établi.

**M. Common.** — Je crois qu'il vaut mieux discuter d'abord le rapport de la 1re commission qui est un rapport d'ensemble.

**M. Valcada** demande la priorité en faveur des vœux présentés par la 1re commission.

**M. Common.** — Je me trouve dans l'obligation de partir ce soir à 6 heures, mon rapport est mal écrit et si je ne le lis pas, personne ne pourra en donner lecture.

Je crois que ce sont les travaux de la 1re commission qui doivent venir en premier lieu.

**M. Savignon,** met aux voix la priorité demandée par le président de la 3e commission.

La majorité repousse cette priorité et décide d'entendre la lecture du rapport de la 1re commission.

**M. Common** donne lecture de son rapport :

Messieurs,

Lors du Congrès qui a tenu ses assises le 19 octobre 1909 à Constantine, nos collègues de ce département ont émis le vœu : que la Commission instituée pour rechercher les moyens pratiques d'augmenter les ressources des départements et des communes, fut convoquée et que le rapport en fut déposé au plus vite. Ce vœu de nos collègues est exaucé puisque cette commission ou plutôt les deux sous-commissions se sont réunies et qu'à la suite de la réunion du 11 janvier 1910, M. Barbedette a rédigé le rapport des travaux de la sous-commission des ressources municipales.

C'est ce rapport que votre première Commission a été chargée d'étudier et c'est sur ce rapport que vous allez avoir à vous prononcer.

Il est un point sur lequel nous serons probablement tous d'accord avec M. Barbedette ; c'est l'insuffisance des ressources communales. Tous certainement avez éprouvé des difficultés souvent énormes à établir votre budget et à trouver dans vos recettes des sommes suffisantes pour parer aux dépenses obligatoires et strictement nécessaires. Vous avez été arrêtés dans le désir que vous aviez d'améli la situation des communes dont vous avez l'administration par l'impossibilité où vous étiez de trouver les fonds indispensables au paiement de ces améliorations. Et il est beaucoup de communes dans lesquelles des programmes de travaux de grande utilité et même de toute nécessité ont été élaborés mais ne peuvent être exécutés faute de crédits suffisants.

La situation de nos Communes algériennes est à ce point de vue lamentable : nées d'hier, elles ont les besoins et les aspirations de leurs sœurs de France ; et leurs habitants veulent trouver les mêmes commodités et parfois le même luxe que ceux auquel ils étaient accoutumés en France ou dont ils ont vu les avantages lors de leurs voyages dans la Métropole. Ce que les Communes de France ont mis des siècles à concevoir et à construire, il nous a fallu, ou il nous faut le faire en quelques années. Malheureusement l'argent nous manque. Au contraires de bien des communes de France nous n'avons point de ressources provenant de donations parfois importantes : les impôts directs ou indirects sont nos seules ressources. Et alors que nos besoins et nos dépenses augmentent, que chaque législature nous impose de nouvelles charges, les ressources diminuent et nombreuses sont les communes dans lesquelles les adjudications des droits de marchés produisent chaque année une somme inférieure à celle de l'année précédente. Votre première Commission a été unanime à penser que les Communes ne pouvaient rester dans le statu quo budgétaire, qu'il fallait trouver de nouvelles ressources. Tel est probablement votre avis à tous puisque vous avez répondu à l'appel de la Municipalité d'Alger qui vous conviait à venir rechercher avec elle le moyen d'augmenter les ressources communales.

C'est en tous les cas la première question que vous aurez à trancher. Si vous estimez qu'il y a lieu d'augmenter nos ressources, vous aurez alors à résoudre cette très grave question.

Où devons-nous prendre l'argent qui nous manque ?

Faut-il faire appel au budget de la Colonie ou à celui du Département pour obtenir, sous forme de subventions, les fonds nécessaires à nos besoins ? Avec M. Barbedette, votre première Commission ne le pense pas.

Certes, il n'est point dans notre esprit de demander la suppression des subventions d'une façon générale, mais les subventions ne doivent être demandées qu'à titre tout à fait exceptionel.

Qu'une commune obligée, pour s'alimenter en eau potable ou pour exécuter quelques travaux extraordinaires, de faire des dépenses hors de proportion avec ses ressources, fasse appel au Gouvernement général, il n'en peut être autrement. Le lui défendre serait la mettre dans l'impossibilité de vivre. De même quand il s'agit pour une commune de faire des travaux qui, bien que lui incombant, sont d'intérêt général.

Là où votre Commission estime que le système des subventions doit être écarté, c'est quand il s'agit de combler des dépenses budgétaires ou de faire face à des dépenses d'intérêt communal rentrant normalement dans les cadres d'un budget.

Le système des subventions est dans ce cas, comme le qualifie fort bien M. Barbedette injuste et immoral : injuste — puisqu'il fait supporter par des contribuables des dépenses dont ils ne profiteront nullement. Pourquoi, en effet les habitants du Kroubs participeraient-ils aux frais de construction d'un marché couvert à Relizane ?

Injuste encore — parce que les subventions ne peuvent en fait être équitablement distribuées. La personnalité du Maire, du Délégué Financier ou du Député feront souvent plus pour l'obtention d'une subvention et la fixation de son chiffre que la légitimité de la demande.

Immoral — parce que la perspective et la fréquence des subventions habitueront les communes à compter sur les autres plutôt que sur elles-mêmes, et il arrivera, en fait, que les Communes bien administrées, dont les Conseils Municipaux se montreront parcimonieux et économes, vivront de leurs seules ressources sans faire appel au budget colonial, mais vivront péniblement alors que les communes moins bien administrées, dont les élus dépenseront sans compter, solliciteront et recevront des subventions importantes.

Et puis, où la Colonie, où les départements, prendront-ils les fonds nécessaires au paiement de ces subventions ? Le rapport si documenté que M. Verne a rédigé au nom de la sous-commission dite des ressources départementales — nous présente la situation des budgets départementaux comme aussi précaire que celles de nos budgets. Quant au budget de la Colonie, nos délégués financiers nous disent tous la difficulté qu'ils ont à le boucler et souvent hélas ! ils n'arrivent à le faire que grâce à des impôts nouveaux.

Votre première Commission a donc estimé qu'il fallait abandonner le système des subventions, comme mode normal de l'augmentation des ressources communales.

Il lui restait alors à examiner s'il ne conviendrait pas de décharger les communes de deux causes de dépenses extrêmement lourdes qui grèvent leurs budgets : l'assistance publique et l'instruction primaire.

Ce serait empiéter sur les attributions de votre deuxième Commission que de discuter ici en détail ces deux questions. Mais il est cependant nécessaire de les aborder quant au principe, puisque elles l'ont été dans le rapport Barbedette et que de la solution qui leur est donnée dépendent les conclusions et du rapport Barbedette et de votre 1re Commission.

Les frais d'hospitalisation grèvent de plus en plus lourdement, chaque année, les communes algériennes. Est-il moyen de les diminuer, de modifier leur assiette ? Voilà qui ne rentre point dans le cadre de la question qui était soumise à votre première Commission. Ce qu'elle avait à rechercher, c'est s'il convient de décharger en principe, d'une façon absolue, les communes de ces frais d'hospitalisation, pour les mettre à la charge de la Colonie, sauf à abandonner à cette dernière les 1/5e des sommes actuellement versées aux communes sur l'octroi de mer, 1/5e qui était censé devoir les couvrir de ces frais d'hospitalisation, mais qui pour bien des communes ne suffit pas à le faire.

Votre Commission a cru devoir accepter sur ce point les conclusions du rapport Barbedette en repoussant cette combinaison. Certes, il y aurait avantage pour les communes à ce qu'elle soit adoptée, mais non pour le contribuable, qui est toujours le même, qu'il s'agisse d'alimenter un budget ou un autre : la personne morale qui encaisse change : celui qui paye, lui, ne change pas. Peu lui importe la caisse à laquelle il verse : ce qu'il faut, c'est lui faire verser le moins possible,

Si votre commission a adopté les conclusions du rapport Barbedette sur la question des frais d'hospitalisation estimant qu'il fallait quant à ce, maintenir le statu quo, il n'en a pas été de même en ce qui concerne les dépenses d'instruction publique.

Actuellement l'instruction primaire est toute entière à la charge des communes. Non seulement cette charge comprend la construction et l'entretien des bâtiments scolaires, le logement des instituteurs, le paiement des indemnités de résidence, mais elle comprend aussi le paiement des traitements. Je veux bien que ce ne sont point les Maires qui ordonnancent les traitements, mais ce n'en sont pas moins les communes qui les paient indirectement il est vrai, mais qui paient quand même, car ces traitements, s'ils sont payés par la Colonie, le sont au moyen d'un prélèvement du 1/6ᵉ opéré sur l'octroi de mer, dont la totalité des produits est notre propriété exclusive.

L'octroi de mer est en effet un impôt municipal c'est-à-dire perçu au profit des seules municipalités. Le décret du 21 décembre 1844, qui l'a institué, est formel à cet égard : personne ne songe d'ailleurs à le contester. Mais nous ne saurions jamais trop insister sur ce point que l'octroi de mer est un octroi municipal ; et rien que municipal ; que les taxes en sont instituées au profit des seules communes et qu'elles n'ont aucun caractère douanier ou protectionniste, c'est un impôt de consommation.

Or, pourquoi l'enseignement primaire est-il à la charge des communes ? Est-ce donc là une œuvre d'intérêt communal ? N'est-ce pas bien plutôt une œuvre d'intérêt absolument général : une œuvre même de défense sociale. C'est l'État qui a pris la charge et la direction de l'instruction de nos enfants ; c'est à lui qu'il appartient de supporter les frais de cette instruction qu'il leur fait donner dans l'intérêt de la nation tout entière.

La sous-commission des ressources communales, par l'organe de son honorable rapporteur, a repoussé ce dégrèvement des charges communales, sans d'ailleurs en donner les motifs. Votre première Commission estime au contraire que, s'agissant d'une dépense d'intérêt absolument général, c'est à la Colonie à y faire face, et qu'elle doit restituer par conséquent aux communes le 1/6ᵉ de l'octroi de mer qu'elle conserve dans ce but. De ce chef les budgets communaux encaisseront environ un million et demi de plus chaque année, puisque le 1/6ᵉ de l'octroi de mer prélevé en 1908 par la Colonie a été de 1.498.800 francs, ou si vous le préférez, pour mieux fixer les idées de chacun de nous, chaque commune encaisserait 20 0/0 en plus de ce qu'elle encaisse annuellement.

Il est bien certain que ces 1.500.000 francs qui rentreront ainsi dans les caisses communales manqueront dans les caisses de la Colonie. Il appartiendra aux Délégations financières de chercher le moyen ou de se passer de cette recette précédemment prélevée sur les ressources communales, ou de demander à un impôt nouveau ou à une augmentation des impôts actuels, une somme égale à celle que la Colonie ne pourra plus percevoir. Nous n'avons point à empiéter sur les attributions de ces hautes assemblées et nous devons nous borner à souhaiter de les voir se rallier à la première combinaison.

Au lieu de cette ressource qui est une ressource essentiellement communale, M. Barbedette préconise au nom de la sous-commission dont il est le rapporteur, une augmentation de la taxe locative avec faculté pour les communes d'ajouter des centimes additionnels au principal de cette taxe.

Votre première commission a repoussé cette augmentation d'impôt. Il est en effet fort difficile pour les Conseils municipaux d'augmenter les impôts perçus directement au profit des communes. Ces impôts sont généralement assez impopulaires, et dans les communes, surtout dans les petites communes, l'élu est trop près de l'électeur pour pouvoir facilement établir une augmentation des taxes communales. Ce n'est point que je fasse aux municipalités l'injure de les croire capables d'obéir à des préoccupations électorales. Mais quelle que soit leur indépendance, leur souci de bien administrer la chose publique, elles ne peuvent heurter de front les désirs et les idées de leurs concitoyens, au milieu desquels elles vivent et qui trop souvent ne se rendent pas compte des nécessités budgétaires.

Ce million et demi, que la prise en charge par la Colonie de l'instruction publique ferait rentrer dans les caisses communales, serait-il suffisant pour permettre aux communes d'équilibrer leurs budgets sans renoncer aux travaux neufs, aux améliorations ? Votre 1re Commission ne l'a pas pensé. Elle estime qu'il faut davantage, mais elle n'a trouvé d'autre solution que celle proposée par M. Barbedette : demander à l'octroi de mer les sommes dont les communes ont besoin.

Peut-être paraîtra-t-il paradoxal qu'après avoir combattu l'augmentation de la taxe locative, nous vous proposions d'augmenter les droits d'octroi de mer sur certains produits et la création de droits sur certains autres. Il n'en est rien. Ces deux impôts sont de nature trop différente pour que le raisonnement qui s'applique à l'un puisse s'appliquer à l'autre. Le contribuable, s'il est indirectement frappé par l'augmentation des droits d'octroi ne ressent pas cette augmentation d'une façon aussi brutale qu'en matière d'impôts directs. La perception s'en fait loin de lui, il n'en perçoit que le contre-coup et encore d'une façon tellement atténuée qu'il ne s'en aperçoit souvent pas.

Avant de se rallier à l'opinion de M. Barbedette sur ce point, sous les réserves et dans les conditions que nous examinerons tout à l'heure, votre 1re Commission a cherché s'il n'était point d'autres impôts auxquels on pourrait avoir recours, impôts qui frappent surtout les classes riches : nous avons successivement examiné la possibilité d'imposer les pianos, les automobiles, les voitures de luxe. Il nous a fallu y renoncer. Ces impôts ne produiraient qu'une somme dérisoire. Pour toute l'Algérie, tous ces impôts réunis produiraient, d'après les renseignements contenus dans le rapport de la sous-commission des ressources départementales, 200 à 300.000 fr. seulement.

Notre collègue, M. Ehrenpfort, dans une lettre adressée à M. le Maire d'Alger, proposait d'imposer les cartes à jouer. Certes, cet impôt n'aurait rien que de très légitime : malheureusement, il ne produirait lui aussi qu'une somme insignifiante. Les renseignements fournis par la Direction des Contributions permettent d'évaluer à 18.000 ou 20.000 francs environ le produit de cet impôt, et ce chiffre représente le produit brut, il y aurait lieu d'en déduire des frais, très élevés paraît-il, que nécessiteraient son établissement.

Plusieurs de nos collègues ont proposé également une augmentation de l'impôt sur les tabacs. Vous savez, Messieurs, quelles protestations ont accueilli cet impôt, vous savez quelle déception il a fait éprouver.

Convient-il d'augmenter un impôt aussi impopulaire ? Ce n'est point ici le lieu de reproduire tous les arguments présentés par les adversaires de cet impôt lors des discussions auxquelles il a donné lieu aux Délégations financières. Vous les avez tous présents à l'esprit, et votre 1re Commission a estimé qu'il ne fallait point augmenter un impôt qui jouit d'une telle défaveur. Mais la Commission a été unanime à penser que si contrairement au désir qu'elle en exprimait, l'impôt sur les tabacs venait à être augmenté ce serait, en grande partie tout au moins, au profit des communes qu'il devrait l'être tout d'abord.

Il en est de même en ce qui concerne la création d'un impôt sur les allumettes ; il en est également de même de l'augmentation des droits sur les alcools. Votre 1re Commission estime qu'augmenter les droits sur les alcools serait s'exposer à encourager la fraude et à voir diminuer au lieu de les accroître, les ressources produites par cet impôt. Cet impôt a en outre le grave défaut d'être supporté presque exclusivement par les populations européennes ; car les indigènes qui, oublieux des prescriptions du prophète, consomment de l'alcool sont peut-être aussi nombreux ou même plus nombreux que les européens mais ils ne sont qu'une infime minorité par rapport à leurs coreligionnaires. Nous n'avons pas cru devoir rechercher de ce côté les ressources qui sont nécessaires aux communes, mais toujours bien entendu sous la réserve expresse et formelle que ni les départements, ni la Colonie ne demanderaient non plus à cet impôt une augmentation de leurs ressources.

C'est sous le bénéfice de ces réserves que nous avons examiné et adopté en principe la proposition de M. Barbedette d'augmenter certains droits d'octroi de mer, d'en créer sur de nouvelles catégories de denrées et de marchandises.

Quels sont les droits qu'il convient d'augmenter ?

Quels sont les articles à imposer nouvellement ? Bien entendu nous n'avons ici que des propositions à émettre, que des vœux à formuler.

Vous vous rappelez certainement les propositions faites par M. Barbedette dans cet ordre d'idées.

Elles sont résumées dans le tableau ci-après :

| NATURE DU PRODUIT | DROIT actuel | DROIT proposé | AUGMENTATION | QUANTITÉS imposées | AUGMENTATION de recettes |
|---|---|---|---|---|---|
| Café.................. | 30 | 40 | 10 | 75.000 qx | 750.000 |
| Chicorée............ | 5 | 10 | 5 | 6.500 » | 32.500 |
| Poivre................ | 35 | 50 | 15 | 1.900 » | 28.500 |
| Vins de Champagne et autres vins mousseux | » | 0 25 | 0 25 | 300.000 b | 75.000 |
| Huiles végétales autres que celles d'olive. .. | » | 10 | 10 | 100.000 qx | 1.000.000 |
| Tissus de coton ordinaires.............. | » | 10 | 10 | 118.000 » | 1.180.000 |
| Tissus de coton qualité supérieure......... | » | 50 | 50 | 8.000 » | 400.000 |
| | | | | Total........ | 3.466.000 |

Votre 1re Commission se rallie à ces propositions, sauf en ce qui concerne la chicorée et le vin de Champagne.

Pour la chicorée, parce qu'elle est consommée surtout par les classes pauvres, et que la surtaxe ne produirait au surplus qu'une somme peu importante.

Pour les vins de Champagne, parce qu'il y aurait lieu de craindre que, par voie de réciprocité, on ne songeât à imposer nos vins d'Algérie en France. Vous savez tous combien les viticulteurs français craignent la concurrence que nos vins font aux leurs; peut-être trouveraient-ils dans la création de cette taxe un prétexte à imposer nos vins et un moyen de combattre cette concurrence.

Pour remplacer les sommes provenant des droits sur ces deux produits, chicorée et champagne, votre première Commission a, sur la proposition de M. Faure, émis l'avis que les eaux minérales soient frappées d'un droit d'octroi. La consommation des eaux minérales augmente d'année en année. La plupart de ces eaux sont consommées par les classes aisées non pas à titre de traitement, mais bien par snobisme. Cet impôt auquel échapperait les classes pauvres pourrait produire environ 150.000 francs, en fixant la taxe à 5 francs par quintal brut d'eau consommée. Les statistiques du service des douanes nous indiquent en effet, qu'il a été débarqué en Algérie 28.754 quintaux d'eaux minérales en 1907 et 29.137 en 1908. A ces chiffres il y a lieu d'ajouter les eaux minérales algériennes qui paieraient les mêmes droits, conformément à l'art. 2 du décret du 26 décembre 1884.

Nous nous sommes ralliés aux propositions de M. Barledette d'augmenter de 10 francs la taxe sur les cafés, cette augmentation ne devant amener chez le consommateur qu'un supplément de dépense insignifiant, d'imposer les huiles végétales, autres que celles d'olive, et à celles concernant les tissus de coton, car ces taxes, tout en produisant un chiffre élevé seront à peine sensibles pour le consommateur et seront supportées par l'universalité des populations. Ces taxes nouvelles ou ces augmentations de taxes produiraient environ 3.500.000 francs.

Devons-nous en déduire 6 % pour frais de perception. Dans l'état actuel de notre législation, cette déduction doit être faite. Mais ne devons-nous pas profiter de l'occasion qui nous est offerte de demander la diminution du pourcentage des frais de perception. Que la Colonie fasse supporter par l'octroi de mer les frais nécessités par sa perception, c'est bien légitime, puisque le produit de cet octroi ne rentre pas dans la caisse de la colonie, mais dans celle des communes. Mais le prélèvement fait doit-il être toujours le même quelles que soient les sommes encaissées ? Cela ne paraît pas juste. Les frais des perceptions ne varient pas proportionnellement au montant des sommes perçues. Et si les produits de l'octroi de mer, qui étaient en 1908 de 8.992.800 francs, passent à 12.492.800 francs par suite des propositions ci-dessus, il est bien certain que les frais de perception ne passeront pas de 538.568 fr. à 749.568 francs. Aussi pourrions-nous émettre le vœu qu'étant donnée l'augmentation des produits de l'octroi de mer à laquelle ne correspond pas une augmentation des frais de perception, la quote-part prélevée par la Colonie pour couvrir ces frais soit diminuée.

Les produits nets de l'octroi de mer à encaisser par les communes se trouveraient être environ de 12.282 800 francs. Il n'y aurait rien autre à en déduire si, conformément au vœu de votre première

Commission, l'enseignement primaire était mis à la charge de la Colonie.

Ainsi donc, au moyen de deux réformes proposées par votre première Commission, les sommes encaissées par les communes algériennes du chef de l'octroi de mer seraient augmentées de 1/6 du produit actuel et du produit des taxes nouvelles. Au lieu de 7.495.000 francs qu'elles ont encaissé en 1908, les communes encaisseraient environ 12.282.800 francs, soit une augmentation de 4.800.000 francs en chiffres ronds, c'est-à-dire une augmentation de 64 % sur les sommes actuellement versées aux communes.

Ce sont là des augmentations qui, nous l'espérons, permettraient aux communes algériennes de faire face aux dépenses de plus en plus élevées qui leur sont imposées, soit par les besoins de leurs habitants, soit par les lois nouvelles sur l'assistance aux vieillards et aux indigents, lois auxquelles nous ne pouvons qu'applaudir puisque elles répondent à nos sentiments démocratiques, mais qui n'en ont pas moins pour nos budgets de lourdes conséquences. Ce n'est pas le Pactole qui coulera dans les caisses communales, les municipalités devront continuer à se montrer prudentes et économes. Mais les communes ne seront plus autant entravées dans leur libre essor ; elles pourront se développer, s'outiller, s'assainir.

Votre première Commission vous propose donc d'émettre le vœu suivant :

« Les maires du département d'Alger,

» Constatant que les ressources des communes ont une tendance à diminuer, alors que les dépenses augmentent d'une façon presque continue ; que les ressources actuelles des communes sont insuffisantes pour leur permettre de faire face à leurs besoins et à leur développement ;

» Émettent le vœu :

» Que la Colonie verse aux communes l'intégralité du produit net de l'octroi de mer et prenne à sa charge toutes les dépenses de l'instruction publique ;

» Adopte les conclusions du rapport de M. Barbedette en ce qui concerne l'augmentation du droit d'octroi de mer sur le café et le poivre, l'établissement d'un droit d'octroi sur les huiles végétales, autres que celles d'olive, et sur les tissus de coton, propose de

**créer un droit d'octroi sur les eaux minérales, sous la réserve expresse que l'impôt sur les tabacs et les droits sur les alcools ne seront pas augmentés et qu'il ne sera créé aucun impôt sur les allumettes, à moins de l'être en partie, tout au moins, au profit des communes ».**

**M. Savignon** adresse au nom de tous ses collègues, toutes ses félicitatons à M. Common pour le lumineux et très documenté rapport qu'il a préparé en si peu de temps.

Il demande ensuite à l'Assemblée si elle désire voter sur les conclusions de ce rapport.

**M. Lauprêtre** demande la parole pour expliquer son vote.

Notre collègue, M. Common, vient de vous donner l'énumération des nouveaux impôts prévus. Or, de ces impôts, je rejette ceux concernant les cafés et les tissus de coton.

**M. Robert** croit, après l'examen auquel il s'est livré, que la situation des communes n'est pas aussi précaire qu'on l'a dit. Au lieu d'augmenter les impôts pourquoi ne pas rechercher les moyens de diminuer les charges. Le rapporteur l'a du reste bien compris, en demandant à la Colonie de faire l'abandon au profit des communes du 1/6e de l'octroi de mer.

Je ne crois pas que, jusqu'à présent, le besoin d'augmenter les impôts se soit fait sentir bien fort.

Pour ma part, je ne voudrais pas d'impôts nouveaux, je demanderais plutôt aux Délégations financières quelles sont les diminutions de dépenses dont nous pourrions faire bénéficier les communes.

Voilà pourquoi je voterai contre une partie du rapport de M. Common.

**M. Lauprêtre.** — L'octroi de mer est injuste et antidémocratique, car il frappe dans les mêmes proportions la classe pauvre comme la classe riche.

Le café n'est pas une boisson de luxe ; c'est une boisson nécessaire aux colons, ainsi qu'à la population indigène.

Les tissus de coton sont également employés par la population pauvre et les indigènes. C'est donc un impôt antidémocratique. Ne craignez-vous pas que la population refuse d'accepter ces nouveaux impôts ? Ne craignez-vous pas non plus que le Parlement les repousse ?

Vous n'ignorez pas que les indigènes nous rendent de grands services. Si nous ne les avions pas, comment nos exploitations agricoles marcheraient-elles ?

Je voterai donc contre les impôts sur les cafés et sur les tissus de coton.

Plusieurs maires appuient les dires de M. Lauprêtre parce que l'impôt sur les cafés frapperait une marchandise de première nécessité.

**M. Aymes.** — Hier, j'ai dû, en quelque sorte, vous faire la préface de la discussion d'aujourd'hui.

Il est certain qu'un problème se pose.

Maires du Département d'Alger, estimons-nous que les ressources mises à notre disposition sont suffisantes, non seulement pour faire face aux charges actuelles, qui pèsent sur nos épaules, mais aussi pour faire face dans l'avenir aux charges qui vont nous grever du fait des impôts nouveaux votés par le Parlement ?

Si vous croyez que les ressources actuelles sont suffisantes pour les nécessités d'aujourd'hui, vous devez encore vous demander si ces mêmes ressources sont suffisantes pour faire face aux nécessités de demain.

Si oui, c'est-à-dire si, dans les deux hypothèses, ces

ressources vous paraissent suffisantes, c'est que vous vous déclarez satisfaits et qu'il nous paraît inutile de demander aux contribuables un nouvel effort en faveur des communes. Toute discussion devient alors superflue.

Si, au contraire, les soucis du présent et de l'avenir vous faisaient reconnaître la nécessité de nouvelles ressources, et dire que vous êtes incapables d'assurer vos services avec les ressources actuelles, nous passerions alors à la discussion du rapport de M. Common.

La question se pose donc bien nette.

Devons nous demander ou non aux contribuables un effort nouveau ?

**M. Gueirouard.** — Il est difficile de faire de l'administration et de la popularité. Dans les Communes on ne fait pas de bonne administration, quand on a le souci de sa popularité. Il est nécessaire d'avoir des budgets qui s'équilibrent. Nous allons avoir des charges nouvelles auxquelles nous ne pourrons pas faire face. Aussi, nous vous demandons à tous de faire un petit effort.

Le rapport de M. Common est parfait sur ce point. Ses conclusions permettront aux communes non seulement d'équilibrer leurs budgets, mais de faire plus encore, c'est-à-dire de faire l'assistance à domicile. Je le répète, nous ne pouvons pas faire de l'administration et de la popularité, ceci dans l'intérêt de la collectivité.

Plusieurs Maires demandent que les conclusions du rapport de la 1re Commission soient mises aux voix par divisions.

**M. Common** lit le 1er § des conclusions de son rapport, ainsi conçu :

« *Les Maires du département d'Alger, considérant*
» *que les ressources des communes ont une tendance à*
» *diminuer alors que les dépenses augmentent d'une*
» *façon presque continue; que les ressources actuelles*
» *des communes sont insuffisantes pour leur permettre*
» *de faire face à leurs besoins et a leur développement.* »

Ce 1er paragraphe mis aux voix est adopté à l'unanimité.

Mais il est décidé que le mot « Considérant » figurant au début de ce paragraphe sera remplacé par « constatant ».

Le 2e paragraphe : « Émettent le vœu : *Que la Colonie verse aux communes l'intégralité du produit net de l'octroi de mer et prenne à sa charge toutes les dépenses de « l'instruction publique* », mis aux voix est également adopté à l'unanimité.

Enfin le troisième paragraphe concernant l'augmentation de l'octroi de mer sur certaines denrées soulève des protestations.

**M. Outin.** — Je crois que nous devrions nous en tenir aux deux votes émis.

L'impôt proposé est tout à fait impopulaire. Je sais bien qu'il faut voter des impôts, comme nous en avons voté nous-mêmes dans notre commune, mais il est hors de doute qu'au point de vue général, surtout au point de vue moral, les contribuables ont beaucoup de peine à faire face au paiement des impôts. Nous devrions donc nous attacher plutôt à rechercher quelles sont les économies que nous pourrions réaliser pour équilibrer nos budgets.

**M. Common.** — L'impôt proposé sur le café représentera à peine 0 fr. 10 par kilogramme, ce qui fera environ 5 francs par an par famille et ce qui donnera à l'ensemble des communes une somme d'environ 750.000 francs par an.

**M. Valcada.** — Je crois sage de nous rallier à la motion de M. Outin. L'abandon au profit des communes du produit net intégral de l'octroi de mer paraît suffisant.

**M. Aymes.** — Vous avez déclaré que vos communes n'avaient pas suffisamment de ressources. Il s'agit de savoir si l'abandon fait par la Colonie du 1/6 des droits de l'octroi de mer au profit des communes et la prise en charge par la Colonie des dépenses de l'instruction publique vous suffit.

Vous avez le grand souci du contribuable. C'est bien. Mais croyez-vous que la Colonie va vous abandonner cette partie du sixième de l'octroi de mer qu'elle prend pour payer le salaire des instituteurs ? Et si elle vous la donne croyez-vous qu'elle va vous la donner sans dire au contribuable : On m'a pris un million ou deux, il faut que je les retrouve quelque part et sans le frapper de taxes nouvelles ?

Vous n'avez pas le courage de réclamer vous-même les impôts nouveaux dont vous déclarez avoir besoin, vous laissez à la Colonie le soin de frapper elle même les contribuables à votre profit.

**M. Vimal.** — Je demande à ce qu'il soit bien spécifié que les communes, indépendamment de l'attribution de l'intégralité du produit de l'octroi de mer, devront être exonérées de toutes les dépenses de l'instruction primaire.

**M. Robert.** — Je crois que nous avons assez discuté sur ce chapitre, nous pourrions nous en tenir là et rechercher quelles compensations il convient de donner aux communes, mais sans toutefois voter de nouveaux impôts.

**M. Gueirouard.** — Si, en principe, vous décidiez de vous en tenir là, quelle serait notre situation vis-à-vis de nos collègues de l'Est qui, eux, ne peuvent même pas équilibrer leurs budgets, malgré l'abandon par la Colonie du sixième de l'octroi de mer en leur faveur ?

**M. Aymes.** — Les frais de traitement des instituteurs ne peuvent être mis à la charge de la Colonie qu'en vertu d'une loi.

J'admets que vous émettiez le vœu que le budget colonial prenne à sa charge les mensualités des instituteurs ainsi que l'ensemble des frais de l'Instruction primaire. Croyez-vous que parce que vous aurez émis ce vœu ce soit une chose faite ?

**Un Congressiste.** — Si l'impôt sur l'octroi de mer ne suffisait pas, nous reviendrions ici.

**M. Savignon.** — Devons-nous nous en tenir à la question proposée, à savoir que les frais de l'Instruction publique soient à la charge de l'État et ne pas passer à la discussion d'impôts nouveaux ?

Cette motion, mise aux voix, est adoptée à la majorité. Le Congrès ne demandera donc pas la création d'impôts nouveaux.

**M. Savignon** donne lecture à l'Assemblée du télégramme suivant qu'il vient de recevoir du Gouverneur

Général, en réponse à celui que l'Assemblée lui a adressé dimanche matin à l'ouverture du Congrès :

« *M. Savignon, Maire d'Alger.*

» Je vous remercie ainsi que vos collègues du département d'Alger de votre témoignage de sympathie auquel je suis particulièrement sensible, croyez bien que je prendrai connaissance de vos délibérations avec le plus vif intérêt et agréez pour vous-même l'expression de mes sentiments les plus cordiaux.

» JONNART. »

Il est ensuite donné lecture du rapport présenté par M. Outin, Maire de Tipaza, au nom de la 3e Commission.

Messieurs,

Votre 3e Commission s'est réunie à l'Hôtel de Ville lundi matin, 20 mars, à 9 heures, à l'effet d'étudier les questions dévolues à son examen par le Congrès.

La première question qu'elle avait à examiner est celle des dotations communales.

Comme vous le savez, lors de la constitution des communes en Algérie, l'État, qui s'était emparé des biens du Beylic a omis de leur en restituer une partie pour les doter d'un patrimoine semblable à celui des communes métropolitaines. D'autre part la plus grande partie de ces terrains passée aux mains de l'administration militaire leur est revendue fort cher.

Il faut reconnaître cependant que les communes rurales obtiennent quelquefois à titre gratuit la concession de terrains domaniaux, mais tout-à-fait exceptionnellement ; d'autres leur sont attribuées à titre de jouissance.

Les concessions temporaires portent en elles-mêmes les inconvénients de leur précarité, c'est-à-dire l'incertitude de la durée et la limitation de jouissance.

Votre 3e Commission a donc émis le vœu tendant à ce que les

terrains domaniaux faisant actuellement l'objet de concessions temporaires soient concédés aux communes à titre définitif.

Elle demande en outre que l'Administration supérieure veuille bien accorder aux communes, la concession des terrains domaniaux situés dans leur périmètre et dont l'État ne retire aucun profit réel.

Sur la deuxième question tendant à l'imposition des professions d'avocat et d'avoué présentée par M. Guelrouard, maire du Fort-de-l'Eau, votre 3ᵉ Commission estimant que cette imposition ne saurait avoir qu'un caractère d'impôt d'État, a passé à l'ordre du jour.

Sur la troisième question, imposition de la propriété non bâtie, la 3ᵉ Commission propose le maintien du *statu quo*, c'est-à-dire l'exemption ; l'impôt foncier sur la propriété non bâtie aggraverait en effet les lourdes charges de l'agriculture exposée en outre à tous les aléas d'un climat particulier.

M. Balard, conseiller municipal d'Alger, fait remarquer que cette exemption ne devrait s'appliquer qu'à la catégorie des contribuables travaillant eux-mêmes leurs terres et ne possédant qu'une étendue peu importante en un mot la petite propriété ; mais il trouverait juste que les grands et moyens propriétaires ruraux contribuent aux charges de l'impôt au même titre que les propriétaires citadins.

Sur la quatrième question, proposition de M. Billiet, maire des Attafs, tendant à la création au profit des communes rurales de centimes additionnels, aux impôts achour et zekkat, la 3ᵉ Commission est d'avis qu'elle est inacceptable, ces impôts ayant un rendement trop aléatoire pour servir de base à une taxe nouvelle ; au surplus, il ne serait ni équitable, ni opportun d'accroître sur ce point les charges des indigènes.

Pour la création de nouvelles ressources, la 3ᵉ Commission ne voit d'autre moyen que l'augmentation de la taxe sur les tabacs qu'elle demande d'élever à 400 francs par cent kilogs, cette surtaxe devant être répartie entre les communes et la colonie suivant une proportion à déterminer, la taxe sur les tabacs se justifie en effet par la nature même de ce produit dont l'usage est fantaisiste et ne répond à aucun besoin réel.

Bien que la 3ᵉ Commission n'ait pas à s'occuper de la question de l'assistance publique, elle croit devoir appeler la bienveillante attention de l'administration supérieure sur l'accroissement de charges, résultant pour les communes généralement dénuées de ressources, des nouvelles lois sociales; elle lui demande instamment d'accorder à ces communes des subventions aussi larges que possible.

**Un Congressiste.** — Il est inutile d'aborder la question des nouvelles ressources puisque le vote qui vient d'être émis nous donne satisfaction.

**M. Savignon** demande au Rapporteur de vouloir bien reprendre la lecture de chaque vœu pour pouvoir les discuter séparément.

VŒU de M. OUTIN : *Tendant à ce que les terrains domaniaux faisant actuellement l'objet de concessions temporaires soient concédés aux communes à titre définitif.*

Ce vœu est adopté à l'unanimité.

---

VŒU de M. OUTIN : *Pour la remise aux communes des terrains domaniaux situés dans leur périmètre et dont l'État ne retire aucun profit réel.*

Adopté.

---

VŒU de MM. LAFON et VALCADA : *Tendant à ce que l'organisation des brigades de sûreté soit développée aussi rapidement que possible et complétée par des indicateurs locaux en pays indigène.*

Adopté.

---

VŒU émis par le Conseil municipal de la commune de Courbet et soumis au Congrès par le Maire de cette commune.

*Maintien des pouvoirs disciplinaires des administrateurs.*

**M. Patton,** maire de Ménerville, demande à ce que tous les condamnés, à quelque titre que ce soit, puissent être non emprisonnés, mais affectés à des travaux publics. Sa commune bénéficierait ainsi de 1,500 à 2,000 francs par an. Ce que craint surtout l'indigène, ce n'est pas la prison, c'est le travail. Il demande donc que tous les condamnés en matière de simple police, ou en matière criminelle, soient mis sous la surveillance des Maires et affectés aux travaux publics.

**Un Congressiste.** — Je ne crois pas qu'on puisse demander à ce que les indigènes condamnés soient obligés de travailler dans la commune où ils ont commis leur délit, ce serait trop imprudent.

**M. Lafon** combat la proposition de M. Patton, attendu, dit-il, que le travail des condamnés indigènes ne rapporte même pas 50 centimes par jour. La surveillance coûterait donc plus cher que le travail à faire faire.

**M. Aymes.** — L'indigène ne craint pas la prison, ce qu'il redoute, c'est le travail. Le travail est la plus grande punition à lui appliquer.

**M. Common** croit qu'au lieu de faire travailler les condamnés, soit dans la prison, soit aux champs, il est préférable de les astreindre à de très durs travaux, comme les travaux forcés.

**M. Savignon** consulte l'Assemblée au sujet des pouvoirs disciplinaires des administrateurs.

Une longue discussion s'engage sur cette question entre divers membres. Finalement la parole est donnée à M. Bouderba, Conseiller municipal d'Alger.

**M. Bouderba** est persuadé que demander le maintient des pouvoirs disciplinaires des administrateurs, c'est aller au-devant d'un refus de la Chambre. Il ne croit pas que le Congrès ait à s'occuper de cette question qui n'est pas, selon lui, d'ordre budgétaire.

**M. Valcada** est d'avis d'accorder aux maires les mêmes pouvoirs disciplinaires qu'aux administrateurs.

Le vœu du Conseil municipal de Courbet mis aux voix est adopté.

---

VŒU de M. COMMON, maire de Tizi-Ouzou, *tendant à ce que les traitements des commissaires de police soient en partie au moins, à la charge de la colonie et que la classification des commissaires de police soit établie sur des bases nouvelles, en tenant compte de la population agglomérée et non de la population totale de la commune.*

**M. Common.**— Actuellement les commissaire de police sont payés entièrement par les budgets communaux. Dans les grandes villes les commissaires de police n'ont à s'occuper que de la police, mais dans les communes rurales ils font tout autre chose que de la police. On nous a même enlevé le droit de dire si nous sommes contents ou non de leurs services.

Je demande donc à ce que les commissaires de police ne soient plus payés par les budgets communaux et que l'administration supérieure, qui s'en sert beaucoup plus que nous, supporte intégralement leurs frais de traitement.

La classification des commissaires de police est faite par villes, suivant le nombre d'habitants et pour cela on a pris modèle sur ce qui se passe dans la Métropole.

Or, ce qui est juste en ce qui concerne la Métropole ne l'est pas pour l'Algérie. Certaines communes ont en effet un chiffre global de population très élevé, leur faisant attribuer un commissaire de 1re ou de 2e classe alors qu'en réalité la population agglomérée, la seule dont ait quelque peu à s'occuper le commissaire et n'entre que pour une part infime dans ce chiffre. Ce sont les indigènes des douars qui constituent la majeure partie de la population ainsi décomptée. Or ils échappent à l'action du commissaire de police.

Je demande donc que la classification soit faite autrement dans l'intérêt des communes.

Le vœu mis aux voix est adopté.

---

VŒU de M. CLAIRÉ, maire de Bouïra, *demandant le retour du système de la répartition aux communes du produit des amendes de police correctionnelle, au prorata de la population comme pour l'octroi de mer.*

Ce vœu est adopté.

---

**MM. Robert** et **Aymes** émettent le vœu *que M. le Gouverneur général de l'Algérie soit autorisé à garantir* *les emprunts contractés par les communes de l'Algérie dans des conditions analogues à celles fixées par la loi du 20 avril 1906, relative aux associations syndicales autorisées.*

**M. Berard.** — Je me rallie au vœu présenté par mes collègues MM. Robert et Aymes, mais je demande à ce qu'il soit complété afin de rendre plus rapides les formalités d'emprunt.

Toutes les communes savent combien il est difficile de réaliser un emprunt.

D'une façon générale, les formalités devraient être simplifiées ; on devrait rendre la tâche des Maires plus facile afin de parer dans des délais très courts aux besoins urgents, or, il n'en est rien.

En Algérie nous sommes soumis absolument aux mêmes règles, aux mêmes lenteurs qu'en France. C'est très défavorable au développement de nos communes, surtout quand les emprunts doivent être autorisés par le Conseil d'État.

Nous pourrions demander avec beaucoup de chances de succès, *qu'à l'avenir toute demande d'emprunt ressortissant du Conseil d'État soit solutionnée à Alger même, par décision du Gouverneur général, après avis du Conseil du Gouvernement.*

Le vœu de M. Robert, avec l'addition proposée par M. Bérard est adopté à l'unanimité.

**M. Savignon** donne ensuite la parole à M. Benoit, Président de la 2e Commission, qui donne connaissance des vœux émis par cette Commission.

VŒU présenté par M. GUEIROUARD *demandant que l'on en revienne pour l'octroi de mer à la répartition départementale et qu'on abandonne le système de répar-*

*tition coloniale qui lèse considérablement les intérêts du département d'Alger.*

**M. Gueirouard** dit que la répartition coloniale dans le département de Constantine nous a fait perdre en raison de la densité de sa population indigène, une somme de près de 4.800.000 francs ; cette répartition dite coloniale est injuste. Je demande à ce que chaque commune bénéficie pour son propre compte de l'octroi de mer des marchandises qu'elle consomme, ce qui est facile à établir, puisque les marchandises voyagent soit avec une lettre de voiture, soit avec un connaissement. Cela serait équitable, attendu que nos budgets ont subi de grosses pertes et qu'il est très difficile de les équilibrer. Demandons donc la répartition à l'unité départementale dans l'intérêt de nos communes.

**M. Robert**. — Je demande à ce que la répartition actuelle soit modifiée et établie sur les bases suivantes : pour les communes de plein exercice, que les indigènes soient comptés pour 1/10ᵉ d'unité et pour les communes mixtes qu'ils soient comptés pour 1/50ᵉ, ceci dans l'intérêt des communes.

**M. Valcada** appuie cette proposition.

**M. Gueirouard** insiste à nouveau pour qu'on revienne à la répartition départementale ou tout au moins qu'on accorde à chaque commune le produit de l'octroi de mer des marchandises qu'elle consomme.

**M. Vimal**. — La proposition de M. Gueirouard peut léser les communes suburbaines au profit des villes.

**M. Richard** croit que la répartition coloniale ne peut pas être profitable au département d'Alger, mais cependont elle paraît être juste et équitable, attendu que l'Algérie forme un tout intangible et que tous les départements doivent être traités de la même façon.

**M. Gueirouard.** — Vous ferez ce que vous voudrez. Quoiqu'il en soit, le département d'Alger se trouve lésé. Vous aviez là en mains 2 à 300.000 francs, si vous les laissez échapper, tant pis pour vous.

**M. Lauprêtre.** — Je voterai aujourd'hui pour la répartition coloniale parce que le département de Constantine nous élève une barrière pour la répartition des impôts indigènes.

Je demande à ce que le vœu de M. Gueirouard soit accepté. Si l'on rejette la répartition départementale pour l'octroi de mer, je serai d'avis de réclamer la répartition coloniale pour les impôts indigènes.

**M. Aymes.** — Il est certain qu'ainsi vous allez reprendre à Constantine ce qu'il a pris au département d'Alger, mais vous allez aussi léser les communes qui comptent beaucoup d'indigènes.

Le vœu de M. Gueirouard est adopté.

---

VŒU présenté par M. Demontès, Adjoint au Maire d'Alger :

*Le Congrès des Maires,*

*Émet le vœu que le délai pour l'obtention du domicile de secours spécial à l'assistance aux vieillards, infirmes et incurables soit maintenu à 5 années, ainsi que l'édicte la loi de 1905.*

Adopté à l'unanimité.

---

VŒU présenté par M. DEMONTÈS :

*Le Congrès des Maires,*

*Émet le vœu que les frais de séjour de tous les vieillards assistés actuellement dans les hospices du département d'Alger soient immédiatement supportés : 1/3 par la colonie, 1/3 par le département et 1/3 par les communes.*

**M. Aymes.** — Les Conseils généraux d'Oran et de Constantine participent pour 1/3 dans les frais de séjour des vieillards assistés dans les hospices. Le Conseil général d'Alger s'y est toujours refusé. Je prie le Congrès de vouloir bien lui demander de revenir sur son refus. La participation du département entraînera celle de la colonie et nos communes réaliseront ainsi des économies considérables.

**M. Demontès.** — Je suis très heureux de pouvoir rappeler aux maires du département d'Alger comment la question s'est posée.

En recherchant la cause des surcharges des dépenses de la Ville d'Alger, j'ai été amené à étudier ces dépenses jour par jour.

Pour celle des vieillards infirmes et incurables, les frais étaient supportés entièrement par les communes : Alger, entr'autre payait plus de 60 000 francs par an pour ses vieillards. Au lieu de participer à ces dépenses, la colonie voulait bien prendre à sa charge 10, 15 ou 20 vieillards, mais sans aucune obligation de sa part.

Or je me suis aperçu que depuis plus de 3 ans à Oran comme à Constantine, la colonie et le département participaient pour 1/3 chacun à ces dépenses. C'était donc une irrégularité en ce qui concernait le département d'Alger. Je me suis rendu à cet effet à la préfecture où on m'a déclaré que le département prendrait à sa charge, le 1/3 de la dépense occasionnée par les vieillards qui, à l'avenir, entreraient dans les hospices mais cela, sans effet rétroactif, ce qui n'est pas juste. C'est pourquoi je demande que l'application soit immédiate, aussi bien pour les vieillards ou incurables qui entrent dans les hospices, que pour ceux qui s'y trouvaient antérieurement.

**M. Colomiès** fournit quelques renseignements au Congrès sur les raisons d'ordre budgétaire qui ont amené le Conseil général à refuser sa participation dans les dépenses d'entretien des vieillards hospitalisés dans les établissements départementaux. Il termine en disant qu'il fera tout ce qu'il pourra devant les Délégations Financières et le Conseil général pour que les communes aient satisfaction.

**M. Valcada.** — Je demande à ce que les Conseillers généraux, présents au Congrès, prennent l'engagement de voter la participation du budget départemental à ces dépenses.

Le Vœu de M. Demontès, mis aux voix est adopté à l'unanimité.

---

VŒU présenté par M. DEMONTÈS :

*Le Congrès des Maires,*

*Émet le vœu qu'une Commission d'enquête composée de membres des municipalités, des préfectures et du gouvernement général étudie la répercussion financière que l'application de la loi de 1905, entraînera pour les communes, les départements et la colonie.*

Adopté.

---

VŒU présenté par M. le Docteur Benoit :

*Le Congrès des Maires,*

*Considérant qu'une collaboration confiante et de tous les instants entre le personnel administratif et le personnel médical des hôpitaux peut amener une réduction notable dans les dépenses d'hospitalisation ;*

*Que l'intérêt des malades, l'intérêt de la science, l'intérêt administratif et l'intérêt budgétaire peuvent parfaitement se concilier ;*

*Que cette conciliation n'a pas toujours été jusqu'à présent ce qu'elle aurait dû être, faute d'une entente suffisante entre les représentants de ces différents intérêts ;*

*Que cette entente ne peut être obtenue par les circulaires les mieux intentionnées et les plus parfaitement rédigées ;*

*Que du reste certains faits de la vie hospitalière comme l'admission d'urgence ou la prolongation de séjour, échappent, par leur essence même, à toute réglementation précise, toute définition absolue ;*

*Émet le vœu que tous les problèmes soulevés par les entrées d'urgence, les frais de traitement, la durée de séjour soient confiés à l'étude d'une commission mixte composée de représentants des différents intérêts : maires, médecins des hôpitaux, délégué du pouvoir central.*

Adopté à l'unanimité.

---

VŒU présenté par M. le Docteur BENOIT :

*Le Congrès des Maires,*

*Considérant que les prescriptions édictées dans la circulaire du Gouverneur général en date du 4 mai 1908, sont insuffisantes pour réprimer les entrées abusives dans les hôpitaux ;*

*Que trop souvent les billets d'hôpital délivrés dans une commune pour des malades qui n'y ont pas acquis le domicile de secours sont trop libéralement accordés ;*

*Qu'il importe d'intéresser chaque commune aux conséquences financières de toutes les entrées à l'hôpital qu'elle prononce ;*

*Émet le vœu que, soit mise à la charge de la commune qui a délivré un billet d'entrée à l'hôpital, la dépense afférente aux 8 premiers jours d'hospitalisation.*

Au sujet de ce vœu M. Demontès tient à donner quelques explications et faire connaître au Congrès pourquoi après l'avoir voté en Commission, il le combat à la réunion plénière.

M. le Docteur Benoit, vous avait présenté quatre vœux auxquels je m'étais associé sur le moment même et parce que je croyais qu'ils pourraient porter remède à une situation hospitalière particulièrement mauvaise. J'accepte encore trois d'entre eux parce qu'ils sont favorables à toutes les communes ; j'en repousse au contraire un quatrième qui est bien le vœu le plus dangereux qui existe pour les finances de la ville d'Alger, en même temps que le plus injuste pour une commune qui supporte déjà la plus grosse part des dépenses d'hospitalisation de la colonie. Il s'agit de la mise à la charge de la commune qui l'aurait hospitalisé et pendant les dix premiers jours d'hôpital, des frais de tout malade indigent, qu'il ait acquis ou non le domicile de secours dans cette commune.

J'ai essayé de calculer la majoration de dépenses que l'application de ce vœu, en apparence anodin, entraînerait pour les finances déjà obérées de la commune. Or, je suis arrivé à des chiffres énormes qui cependant, seraient plutôt au-dessous de la réalité qu'au-dessus. Une grande partie des billets d'entrée à l'hôpital passe actuellement entre mes mains depuis la réorganisation des services de recherches de la Ville. Seuls, les certificats d'hospitalisation d'extrême urgence m'échappent. Or, pour ceux que je connais et au sujet desquels j'ordonne une enquête provisoire avant de signer le billet d'entrée, il en est bien chaque jour six ou sept concernant des malades qui n'ont pas acquis. Au bout de dix jours, il y aura donc 70 malades à la charge de la ville d'Alger et, comme chaque jour apporte son contingent d'entrants et de sortants, les frais de la commune seront donc augmentés :

Quotidiennement de 70 × 2 fr. 55 = 178 fr. 50;
Mensuellement de 178 fr. 50 × 30 = 6.349 fr.;
Annuellement de 6.349 fr. × 12 = 76.188 fr.

encore ce chiffre ne représente-t-il pas la totalité de la dépense ; car tous les malades entrant d'urgence à l'hôpital, sur réquisition du commissaire de police, et ceux qui sont admis sur certificat des médecins consultants de Mustapha ne sont pas compris dans ce compte.

La commune d'Alger, déclare très énergiquement, qu'elle ne peut pas être responsable des malades qui entrent à l'hôpital par cette voie, car en fait, nous ne pouvons exercer aucun contrôle sur la nécessité ou la légitimité de l'admission de ces malades à l'hôpital. Malgré ses protestations, malgré des rapports répétés aux instructions formelles du Gouverneur Général et du

Préfet, des admissions d'urgence sont faites dans bien des cas, sans que nous soyons consultés, et dans quelques-uns, vu leur gravité, sans que nous puissions être consultés. Vous voudriez mettre à notre charge des dépenses qui ne nous incombent pas de par la loi et qui ont été engagées en dehors de notre assentiment et de notre contrôle ; ce serait la pire des iniquités.

D'autre part, comme nous avons organisé un corps médical complet, créé de nombreuses consultations, que de plus Alger possède le plus grand hôpital de la Colonie et le mieux organisé, les malades indigents qui affluent déjà dans notre ville et viennent y demander leur hospitalisation accourront en plus grande foule. Et la commune d'Alger serait ainsi récompensée des efforts qu'elle a faits, à l'instigation des autorités supérieures, par un prélèvement de quelques centaines de mille francs sur son budget déjà anémié ?

Remarquez-le bien, vous allez créer à nouveau cet abus contre lequel vous vous êtes élevé avec raison d'ailleurs et que les mesures prises par le Gouverneur Général avaient en partie supprimé. Vous lui donnerez seulement une forme plus insidieuse et plus dangereuse que celle qu'il avait auparavant. Vous vous plaignez et la Ville d'Alger se plaint avec vous de ce que les entrées des malades, n'ayant pas acquis le domicile de secours dans la commune où se trouve l'hôpital, se fassent avec trop de facilité. Nous sommes victimes comme vous de cet abus, peut-être plus que vous, car les indigents aux frais de la ville d'Alger font prime dans les hôpitaux de la Colonie, et vous voulez porter remède à cette situation en faisant supporter à la commune qui les aura hospitalisés et pendant dix jours, les frais de ces malades ? Qu'arrivera-t-il ? Précisément ce qui se passait avant les mesures édictées par le gouvernement : les communes se renverront leurs malades, ou elles les enverront se faire hospitaliser dans les grandes villes.

Là il est impossible d'organiser une surveillance de tous les arrivants ; ce qui ne saurait passer inaperçu dans une petite commune, reste ici inconnu et inconnaissable ; le lendemain le nouveau venu se présentera à l'une de nos consultations ou à l'un de nos commissariats, et s'il est réellement malade, si surtout, il est atteint d'une maladie contagieuse, on sera dans la nécessité de l'hospitaliser. Si même nos docteurs refusent de le laisser entrer, il trouvera le moyen de forcer la porte ; il n'aura qu'à se coucher dans la rue, au seuil d'un commissariat : Voilà exactement ce qui se passerait.

Et vous voulez écraser de cette dépense nouvelle la Ville qui déjà supporte les charges hospitalières les plus lourdes, qui même en supporte ne lui incombant pas. M. le docteur Benoît, délégué financier, a de précieux documents, qui lui sont fournis par l'administration. Or, de la lecture de ces statistiques, il ressort très nettement que, si plusieurs communes de l'intérieur ne dépensent pas en frais d'hospitalisation leur 5e d'octroi de mer, la ville d'Alger, a, elle seule, des dépassements qui se chiffrent par 180.000 et 200.000 francs. Or, vous le savez aussi bien que moi et même mieux que moi, la cause de ces dépassements doit être cherchée non pas, dans la facilité avec laquelle nous hospitalisons, mais dans l'exode vers les grandes villes de toutes les infirmités et de toutes les misères ; dans le retour à la ville des étrangers qui vont travailler à l'intérieur et qui installent leur famille à Alger, pour s'y créer un domicile de secours, dans... Mais pourquoi continuerai-je ? je ne veux point opposer ici les intérêts des villes de l'intérieur et les intérêts d'Alger.

Cette opposition serait néfaste ; il faut au contraire, que nous soyons unis dans la défense de nos intérêts communs et non que nous nous combattions en présence de prétentions d'autres administrations. La ville d'Alger ne peut cependant se laisser dépouiller de ses ressources, elle en a un si pressant besoin ; elle vous demande donc de repousser ce vœu. Mais comme elle a, elle aussi, à souffrir des abus auxquels vous voulez remédier, elle vous propose d'insister auprès de l'administration pour que désormais soient appliquées strictement les règles édictées dans la circulaire de 1876 et dans celle de 1908.

**M. Durand.** — Je m'associe entièrement aux vues de M. Demontès et je tiens à faire ressortir combien serait lourde la charge qui incomberait aux communes qui sont dotées d'un hôpital ou d'une infirmerie.

M. Durand termine en disant que tous les frais d'hospitalisation devraient être mis à la charge de l'État moyennant l'abandon par les communes du cinquième de l'Octroi de mer.

**M. Valcada.** — Je ne suis pas de cet avis. Je suis partisan du vœu présenté par la Commission parce que je le considère comme le vœu le plus rationnel.

**M. Gueirouard** fait ressortir qu'il a pris l'initiative d'envoyer les docteurs communaux porter leurs soins ainsi que les médicaments à domicile aux malades indigents et que cette façon d'opérer est moins onéreuse que l'envoi de ces mêmes malades à l'hôpital. La commune de Fort-de-l'Eau réalise ainsi d'importantes économie. Il croit qu'il vaut mieux suivre la 2e Commission dans le vœu qu'elle propose.

**M. le docteur Benoît.** — Si j'en crois les chiffres que j'ai sous les yeux la proposition de M. Durand va à l'encontre des intérêts de sa commune. Berrouaghia réalise en effet, chaque année, d'importantes économies sur le cinquième de sa part d'octroi de mer et cette commune dépense beaucoup moins que le montant de son cinquième pour les frais d'hospitalisation. C'est du reste le cas de la très grande majorité des communes de l'Algérie. Aussi la 2e Commission, après avoir pris connaissance des statistiques financières que je lui ai communiquées, s'est-elle prononcée contre la prise en charge par la Colonie des dépenses d'hospitalisation moyennant l'abandon par les communes du cinquième de leur part d'octroi de mer.

Quant à l'émotion de M. Demontès je ne me l'explique pas. M. Demontès oublie en effet que de nombreuses communes de l'intérieur envoyent à l'hôpital des malades domiciliés à Alger et qu'Alger n'aurait plus à supporter les dépenses afférentes aux huit premiers jours d'hospitalisation de ces malades. Du reste la 2e Commission a adopté un second vœu, corollaire de celui relatif aux huit premiers jours d'hospitalisation, qui est destiné à apporter à la ville d'Alger des économies bien supérieures au surcroît de dépenses que le premier peut lui amener.

**M. Lafon** estime que le vœu émis par la 2e Commission n'est pas équitable attendu que cette proposition lèserait les petites communes tout en diminuant les charges des grandes. Il proteste donc contre l'adoption de ce vœu.

Le vœu de la 2e Commission mis aux voix est adopté.

---

VŒU présenté par M. le docteur BENOIT *tendant à la remise en vigueur de la circulaire préfectorale du 15 mai 1897, concernant l'entrée et la sortie des malades.*

Adopté à l'unanimité.

---

VŒU présenté par M. le docteur Benoit :

*Le Congrès des Maires,*

*Considérant que malgré les prescriptions édictées par la circulaire du Gouvernement Général en date du 4 mai 1908, en vue de réprimer les prolongations de séjour abusives dans les hôpitaux, de très nombreux malades sont encore maintenus en salle au delà du temps strictement nécessaire ;*

*Que du reste les maires, ou bien ignorent les séjours dont leurs communes sont financièrement responsables, ou bien ne peuvent contrôler la légitimité du maintien en salle de leurs hospitalisés ;*

*Qu'il y a lieu d'intéresser budgétairement le pouvoir central, lequel seul détient une autorité suffisante en la matière, aux conséquences financières des abus constatés à maintes reprises du séjour excessif dans les hôpitaux ;*

*Émet le vœu qu'après un certain nombre de jours à fixer après étude, tous frais d'hospitalisation incombent à la charge de l'État.*

Ce vœu est adopté à l'unanimité.

---

VŒU présenté par M. le docteur Fuster, conseiller municipal d'Alger.

*Le Congrès des Maires exprime un vœu en vue de la création de Commissions administratives des hôpitaux constituées par des maires, quelques conseillers municipaux, quelques personnalités importantes de la Ville et un certain nombre de médecins et chirurgiens des hôpitaux.*

*Les attributions de cette Commission seraient celles des commissions administratives des hôpitaux de France.*

Adopté.

---

M. le docteur Benoit annonce que la 2e Commission a pris en considération les vœux suivants présentés par M. le docteur Fuster :

*1° Contrôle aussi rigoureux que possible de l'état d'indigence de ceux qui sollicitent l'hospitalisation gratuite ;*

*2° Obligation d'assurance contre les accidents et la maladie pour les ouvriers et employés ayant un minimum de salaire ;*

*3° Responsabilité pécuniaire partielle ou totale des parents, des malades et des sociétés de secours mutuels ;*

*4° Création d'une caisse nationale de secours aux malades à l'aide d'un impôt spécial basé sur la puissance financière de chacun, c'est-à-dire sur le capital, la rente, la contribution foncière ;*

*5° Reprise par l'État de toutes les dépenses de l'assistance publique concernant l'hospitalisation des malades indigents, les femmes en couche, etc...*

*6° Réglementation nouvelle des charges incombant alors aux communes ;*

*7° Suppression des hôpitaux municipaux qui ne sauraient alors constituer qu'une charge pour les communes et transformation de ces établissements en sanatorium écoles, etc...*

Une discussion s'engage sur l'ensemble de ces vœux que l'assemblée n'a pas très bien saisis, aussi certains membres en demandent le renvoi à une commission d'étude pour examen plus approfondi afin de ne pas s'engager ainsi à la légère.

**M. le docteur Fuster.** — Je voulais simplement vous soumettre ces vœux d'ensemble, je ne vous demande pas de les voter d'une façon ferme et définitive, mais simplement vous prier de prendre ces vœux en considération et de passer à l'ordre du jour. Ce n'est qu'un simple engagement moral de votre part. Je vous demande ensuite d'en décider l'envoi à l'Administration supérieure pour étude.

**M. Gueirouard.** — Il ne faut pas que le Congrès prenne en considération « que les parents seront responsables des frais d'hospitalisation », laissons la responsabilité de ces frais d'hospitalisation aux héritiers.

**M. le docteur Fuster.** — La nouvelle loi qui a été votée a produit un changement absolument radical. Je ne vous demande pas d'étudier les diverses propositions que je vous ai soumises, mais de renvoyer l'ensemble de ces propositions à l'étude d'une commission qui les fera parvenir ensuite au Parlement.

**M. Demontès.** — Je fais des réserves au sujet des hôpitaux municipaux.

L'Assemblée décide de renvoyer les vœux de M. le docteur Fuster à l'Administration supérieure à fin d'étude.

**M. Vimal.** — Il est inadmissible que des faits comme celui dont la commune de Saint-Eugène a été victime puissent se reproduire. Saint-Eugène a payé, pour une seule personne, jusqu'à six mille francs d'hospitalisations successives, parce que cette personne, qui a couru toute l'Algérie, n'est jamais restée un an sans entrer à l'hôpital. Je prie le Congrès de vouloir bien demander que les jours de séjour dans un hôpital soient décomptés dans les 366 jours d'absence au bout desquels le domicile de secours se perd dans une commune.

Adopté.

L'ordre du jour étant épuisé, **M. Savignon** remercie les Maires du département d'Alger de l'empressement qu'ils ont mis à répondre à son invitation et à se rendre au Congrès où des questions si intéressantes ont été discutées.

L'Algérie entière y trouvera son compte pour le plus grand bien des communes ; il déclare le Congrès clos et lève la séance à 6 h. 45 du soir.

# BANQUET

Le banquet a eu lieu dans les grands salons de l'Hôtel de l'Oasis, après la clôture du Congrès.

Autour de M. Savignon, maire d'Alger, étaient assis :

MM. Varnier, secrétaire général du Gouvernement général, représentant M. Jonnart, actuellement à Paris ; M. Salmon, secrétaire général de la Préfecture, représentant M. le Préfet d'Alger en tournée de Conseil de révision ; Legendre, Demontès, Raffi, Serre, adjoints au Maire d'Alger.

MM. Cherfils, Marquand, Basset, Béraud, Gercet, Faure, Soucaze, Bissonnet, Bouderba, L'Admiral, Luc, Fuster, Otten, Pinard, Châtel, Ben Brimath, Muller, Lacombe, Jamar, Pamart, Rozier, Vinson, etc., etc., conseillers municipaux d'Alger.

MM. Huré, chef de cabinet du Secrétaire général du Gouvernement général ; Bérard, maire de Blida ; Robert, maire d'Orléansville ; Lebailly, maire de Maison-Carrée ; Benoît, maire de l'Arba ; Vimal, maire de Saint-Eugène ; Guizard, maire de Boufarik ; Gueirouard, maire de Fort-de-l'Eau ; Richard, maire de Médéa ; Patton, maire de Ménerville ; Durand, maire de Berrouaghia.

MM. les Maires de Guyotville, Hussein-Dey, Douéra, Duperré, Téniet-el-Haâd, Oued-Fodda, Saint-Ferdinand, Rovigo, Ameur-el-Aïn, Crescia, Littré, Ouled-Fayet, Tipaza, Lavarande, Birkadem, Beni-Méred, Bou-Medfa, Chebli, Courbet, Gouraya, Mouzaïa, Dellys, Téfeschoun, Cavaignac, Arbatache, Fouka, Fondouk, etc., etc.

Quelques chefs de service de la Mairie d'Alger et les représentants des quotidiens d'Alger et de l'Agence Havas.

Pas d'agapes officielles sans discours.

C'est donc M. le Maire d'Alger qui prit, le premier, la parole.

Il le fit, en ces termes :

Messieurs,

A l'heure qu'il est, après trois jours de travail dans les Commissions ou dans les séances plénières, après le surmenage inévitable d'une besogne qu'il fallait presser mais qu'on n'en voulait pas moins sérieuse et utile, vous estimerez sans doute, comme moi, que les meilleurs discours sont les plus courts.

Aussi bien vous demanderai-je seulement la permission de souligner par quelques mots les indications très fructueuses que nous donne le deuxième Congrès des Maires.

Vous savez de quelles préoccupations il est sorti. Vous savez que l'initiative de nos collègues de Constantine a eu, pour heureux effet, de hâter la mise au jour du rapport de la Commission, nommée en 1908, pour étudier le grave problème des ressources communales.

Nous avons voulu suivre cet exemple et nous aimons à penser que les Maires du département d'Oran prendront, à leur tour, la parole et ajouteront, à la consultation ainsi commencée, le couronnement qui la rendra imposante et surtout féconde.

Elle sera féconde, cette consultation, à plusieurs points de vue.

Elle indiquera aux Délégations financières dans quel sens peut s'orienter le relèvement des ressources communales, relèvement devenu indispensable et qu'il faut même réaliser dès demain si on ne veut pas laisser nos budgets sous la menace d'un permanent déséquilibre.

Les remarquables travaux de nos rapporteurs ont précisé les besoins à satisfaire et les sources d'impôts auxquelles on peut recourir pour subvenir aux charges indispensables tout en établissant une meilleure répartition du sacrifice sur la masse des contribuables.

Vous aurez ainsi préparé, par votre unanimité et par la force persuasive de vos arguments, l'acquiescement de vos mandants et vous aurez facilité la tâche du législateur.

Mais vous aurez surtout créé entre les magistrats municipaux de la Colonie, un salutaire échange d'idées, une sorte de communion de vues, née de la communauté et de la similitude des intérêts, qui rendra faciles les solutions des problèmes les plus complexes de l'administration de nos villes.

Rien n'est plus instructif, pour nous, que la lecture, provoquant, si souvent, une étude plus attentive, des bulletins municipaux ou des documents relatifs aux œuvres municipales des autres villes. Nous y puisons toujours des renseignements bien utiles ; nous y voyons le travail de l'évolution des grandes cités de la Métropole et nous y découvrons des leçons expérimentales du plus grand profit.

De même ces congrès servent à l'éducation mutuelle des Maires et peuvent se traduire, dans l'administration de nos communes, par l'éveil de certaines initiatives et par la recherche d'innovations avantageuses.

Ils pourraient servir à plus. Je ne serais pas étonné si beaucoup d'entre vous, Messieurs, et chers Collègues, frappés des résultats de ces quelques heures de contact, n'aient souhaité, comme je le fais ardemment à l'heure de nous séparer, que les Maires des trois départements algériens constituent une fédération, un congrès interdépartemental. — le nom importe peu à la chose — qui les trouverait tous groupés, tous prêts à agir de concert, chaque fois que les intérêts généraux des communes, c'est-à-dire de l'Algérie, auraient besoin d'être soutenus ou défendus.

Vous imaginez facilement la force de persuasion qu'aurait, s it vis-à-vis de l'Administration locale, soit vis-à-vis des Pouvoirs publics ou du Parlement de la Métropole, un vœu qu'auraient pris tous les Maires de nos communes algériennes. On a cru longtemps que les intérêts des départements de l'Algérie étaient antagonistes et, sur cette donnée, trop vite généralisée, se sont produites parfois des rivalités fâcheuses qui ont divisé les efforts et enlevé, à l'opinion publique, toute sa puissance.

Une discussion entre tous les maires de l'Algérie aurait assurément remis les choses au point et montré qu'il est toujours possible de concilier des intérêts d'apparence discordante, quand ils touchent à la prospérité générale de la Colonie et à la grande sécurité de l'œuvre de la France en Algérie.

Pensez-vous, par exemple, que le Parlement n'aurait pas été vivement impressionné et n'aurait pas modifié son attitude un peu trop indifférente, si une Fédération des maires d'Algérie était venue soutenir l'admirable effort, la patriotique persévérance de M. le Gouverneur Général dans le projet de l'Ouenza. Certes, plus d'une municipalité, en dehors du département de Constantine, ne s'est pas montrée indifférente aux intérêts de nos voisins de l'Est et a montré que la colonie entière s'émouvait de tant d'obstacles et d'entraves, des dangers même que courait cette source de vitalité et de développement économique pour une contrée algérienne.

Mais ces manifestations sont restées sporodique. Elles auraient été autrement décisives si l'unanimité des maires des trois départements, réunis en Congrès ou en Fédération, avait éclairé les législateurs sur les vœux formels de la colonie et aurait réclamé avec force la solution conforme aux intérêts de la colonie.

Messieurs, si le Congrès qui se termine, en dehors des résultats spéciaux que les communes lui devront pour les solutions soumises à votre expérience et à votre sentiment des réalités fiscales, pouvait avoir démontré la nécessité de constituer la Fédération des maires d'Algérie, je crois que nous aurions le droit de nous réjouir doublement de l'avoir provoqué.

En tout cas, il nous permet de saluer, ce soir, au milieu de nous, le très distingué Secrétaire général du Gouvernement général, M. Varnier, qui représente M. le Gouverneur général, retenu encore à Paris par le projet de l'Ouenza, et M. le Préfet qui — retenu à Aumale — après avoir suivi, dès le début, nos travaux avec sollicitude, s'est fait représenter par son très sympathique secrétaire général, M. Salmon.

Nos affaires communales nous mettent souvent en contact avec ces administrateurs éminents de la colonie et du département et je traduirai votre pensée à tous en leur donnant l'assurance de notre gratitude et de notre considération sympathique.

Les premiers actes du Congrès des maires du département d'Alger ont été d'envoyer à M. Jonnart l'expression de leur dévouement et de leur gratitude, et à M. le Ministre de l'Intérieur l'assurance de leur profond attachement à la République.

Si vous le voulez bien, nous finirons le Congrès comme nous l'avons commencé.

Et nous lèverons nos verres à M. Verne, préfet, tuteur, sévère, mais infiniment affable et très prudent de nos budgets communaux, à M. Varnier, distingué chef des services administratifs de l'Algérie, à notre cher Gouverneur général, M. Jonnart, que la colonie suit avec une affectueuse reconnaissance dans sa courageuse et admirable défense des intérêts algériens.

Et nous les lèverons ensuite un peu plus haut en l'honneur de l'Algérie, à la grandeur de la France, à la prospérité de la République ».

Le discours de M. Savignon est souligné par de nombreux et vifs applaudissements.

**M. Varnier,** au nom du Gouverneur général, prend la parole :

MESSIEURS,

Votre première pensée, en vous réunissant, a été — je cite les termes mêmes de votre télégramme — d'envoyer à M. le Gouverneur Général « l'expression de votre dévouement et de le féliciter de son inlassable énergie à défendre les intérêts de l'Algérie ».

Laissez moi vous remercier en son nom et vous dire combien ce témoignage d'affection et de confiance lui a été sensible. C'est pour lui un réconfort dans les épreuves qu'il traverse. Mais il combat le bon combat. L'autorité que lui apporte votre manifestation sera dans sa main une arme et une nouvelle chance de victoire.

Vous êtes, Messieurs, les mandataires du peuple les plus près des citoyens, en communion plus étroite avec eux, à ce titre vos paroles sont, sans contredit, la traduction fidèle et vivante de la pensee populaire. C'est l'Algérie tout entière qui parle par votre bouche et qui fait éclater publiquement, hautement ses sentiments. Quelle force ne donnez-vous pas au Gouverneur qui a su s'attirer de pareils suffrages ?

Vous êtes réunis, Messieurs, sur l'initiative de la Municipalité d'Alger — que je remercie de m'avoir associé à ces fraternelles agapes -- pour rechercher les moyens d'améliorer la situation financière des communes. Vous ne pouvez douter de l'intérêt que nous prenons à vos travaux. La commune c'est la base de notre édifice public, de notre organisation administrative. C'est la famille élargie, mais pas cependant au point que ses membres ne puissent plus avoir des aspirations des intérêts étroitement liés. La commune algérienne est faite, il est vrai, d'éléments divers : Français, citoyens ou musulmans, et étrangers y vivant côte à côte. Mais, il faut le dire bien haut, l'union, la concorde règne partout sous les lois de la France que nous aimons comme ses enfants et que les étrangers respectent avec la reconnaissance due à la généreuse hospitalité que nous leur offrons. Ce résultat, Messieurs, cette paix sympathique qui unit tous les habitants de nos communes, font le plus grand honneur aux Maires, aux Municipalités. Quelle qu'ait pu être la vivacité des luttes électorales, le lendemain chacun de vous a oublié qu'il a pu avoir des adversaires et vous distribuez à tous, sans distinction, une ferme mais paternelle justice.

Pour conserver l'autorité nécessaire à l'accomplissement de votre mission, il faut que vous puissiez satisfaire aux besoins légitimes des populations.

Ces besoins sont nombreux ; l'outillage est loin d'être partout au complet — alimentation en eau potable, plantations, assainissement, constitution du réseau des voies de communication. Combien de lacunes n'y a-t-il pas à combler? Mais vous ne pensez pas seulement au côté matériel de la situation. Vous voulez aussi assurer la vie intellectuelle de vos administrés ; de nombreuses écoles devront encore être construites avant que nous ayions pu distribuer à tous nos enfants les bienfaits de l'instruction. Vous avez enfin à assurer le fonctionnement régulier de ces nouvelles lois d'hygiène et d'assistance pour lesquelles personne de vous ne songe à ménager les sacrifices, car elles sont l'honneur de notre démocratie. Parmi les œuvres de la République aucune ne mérite plus notre approbation.

La situation financière de vos communes vous permet-elle de répondre à des devoirs si complexes? C'est ce que vous avez résolu d'examiner. Vos budgets ne sont pas riches. Les disponibilités y sont peu nombreuses. Est-il possible d'en dégager en réalisant des économies? Il y a bien quelques centres où on pourrait constater certaines exagérations dans les dépenses — celles d'administration par exemple. On dit aussi qu'il peut y avoir un peu de faiblesse dans la distribution des billets d'hôpitaux. Des esprits chagrins tendraient même à généraliser la critique; ce serait bien injuste. Dans tous les cas chacun de vous peut affirmer que l'observation ne vise pas lui-même, mais le voisin et qu'il est l'exception que comporte toute règle qui se respecte.

Dans tous les cas, les réformes qu'on pourrait envisager dans cet ordre d'idée donneraient de faibles résultats. Ce qu'il vous faut c'est un accroissement de recettes.

Vos collègues d'un autre département, la Commission d'études ont pensé à un relèvement des impôts ou de l'octroi de mer. Vos vœux tendent au fond au même résultat, car si vous voulez dégrever les communes en augmentant les charges de la Colonie, celle-ci, dont les ressources sont bornées, sera toujours obligée de se retourner vers le contribuable.

Quoi qu'il en soit, l'Administration recherchera, et elle ne désespère pas de trouver, d'accord avec les Délégations financières, une formule qui vous donnera satisfaction et vous permettra d'atteindre à ce rêve qui n'est malheureusement qu'une utopie pour les nations modernes et qu'on ne trouvera bientôt plus réalisé qu'en Algérie : l'équilibre budgétaire.

Messieurs, je bois à mes hôtes le Maire et les Membres de la Municipalité d'Alger, aux Maires de toutes les communes du département et je vous invite à lever avec moi vos verres en l'honneur de M. Fallières, notre vénéré Président de la République. »

Après avoir remercié M. le Maire d'Alger de son très gràcieux accueil et après avoir excusé M. le Préfet, retenu loin d'Alger par le conseil de revision, le secrétaire général de la préfecture, M. Salmon, dans une allocution familière, s'exprime à peu près dans ces termes :

Messieurs,

Comme Maires, vous avez deux rôles à jouer dans ce pays : — D'abord, représentants de la France, vous êtes les dépositaires de nos traditions, les conservateurs de nos mœurs nationales et de l'esprit de notre race. C'est vôtre rôle le plus noble et le plus impressionnant.

Puis vous êtes les Administrateurs des intérêts de vos communes. C'est à ce dernier titre que vous vous êtes réunis en Congrès. Votre souci des intérêts matériels des communes algériennes justifie pleinement les préoccupations qui vous ont groupés ici.

J'ignore encore le résultat de vos travaux durant ces deux journées; mais je suis convaincu que vous avez fait œuvre bonne.

Je veux toutefois afficher plus d'optimisme que vous. Je vous dois d'être exact et juste. Je vais tâcher de l'être.

La situation des communes du département d'Alger est loin d'être mauvaise. Dans beaucoup elle est bonne ; dans quelques-unes elle est excellente. Il n'y a donc pas lieu de pousser un cri d'alarme.

Si je voulais faire devant vous le Congrès des Maires, je n'aurais qu'à reprendre le texte des circulaires que M. le Préfet vous adresse chaque année à la veille de votre session de mai. — Je m'en garderai bien mais, je vous en conjure, Messieurs, relisez ces circulaires en rentrant chez vous.

Je ne veux que vous dire ce que j'ai vu souvent. J'ai été témoin de malaises, voire de crises financières qui semblaient menacer l'existence de certaines communes. Eh bien toujours ces malaises et ces crises ont vite disparu lorsqu'un administrateur prudent a été appelé à la direction des services communaux. Presque jamais la situation financière n'est compromise par la pénurie des ressources ; elle l'est toujours par des dépenses mal faites.

Je ne redoute pas, en effet, pour les communes, les grands travaux bien étudiés et sériés, alors même qu'ils exigent des ressources provenant d'emprunts, fussent-ils exagérés, pourvu que l'amortissement de ces emprunts ait été incorporé normalement dans le budget. C'est qu'on sait ce qu'on fait : il ne peut y avoir de surprise. On ouvre un robinet de jauge, on en connait exactement le débit, on sait exactement ce qu'il videra du réservoir budgétaire.

Mais ce qu'il faut craindre par-dessus tout, ce sont les suintements et les fissures du réservoir. C'est par-là que s'échappent, sans profit et sans qu'on s'en doute, les ressources budgétaires.

Ces suintements, Messieurs, il faut les appeler par leur nom : ce sont les crédits supplémentaires. Par des votes, à jet continu, de 100 francs, de 500 francs, — des misères qui sont sans importance, — on vide la caisse sans s'en apercevoir et on est tout stupéfait lorsque le receveur municipal refuse de payer des services obligatoires, faute de ressources.

Voilà le mal, Messieurs, je vous le dénonce, une fois de plus.

Le remède existe. Il est simple : il réside tout entier dans la sincérité budgétaire. Appliquez le en attendant que le résultat de vos travaux ait trouvé une sanction.

Je sais bien que contre ce mal on pourrait invoquer la vigilance du tuteur des communes.

Messieurs, le Préfet a un rôle bien difficile. Nous savons que vous ne vous révoltez pas contre ses décisions, contraires à vos désirs ; mais vous faites bien pis !

Vous priez, Messieurs, vous suppliez, vous faites appel aux sentiments de tendresse qu'il nourrit pour vous tous et vous arrivez ainsi à séduire votre tuteur, qui ne peut pas toujours jouer au croque-mitaine.

Et c'est ce jour-là, Messieurs les Maires, que vous devenez des administrateurs dangereux pour vos communes. Renoncez à cette manière, pour sauver la situation, au risque de compromettre votre popularité et vous aurez bien mérité de vos concitoyens.

Je m'aperçois que je me suis laissé aller à vous faire une conférence. Veuillez m'excuser. Pour brusquer ma fin, je lève ma coupe en l'honneur de celui qui est souvent la providence des communes, par sa bienveillance constamment mise à l'épreuve. A M. Jonnart, Gouverneur général de l'Algérie ! »

---

# RAPPORT DE M. DEMONTÈS

**Adjoint au Maire d'Alger**

# SUR L'HOSPITALISATION ET L'ASSISTANCE

Il ne peut être question dans ce rapport de traiter dans tous ses développements la question si complexe de l'assistance et de l'hospitalisation. La discussion, si elle se bornait aux principes théoriques sur lesquels peut être fondée l'assistance hospitalière, risquerait d'être stérile ou de n'aboutir qu'à des vœux platoniques. N'est-il pas préférable d'envisager surtout le côté pratique et cela ne convient-il pas à des hommes que l'expérience des affaires communales a portés à voir toutes choses non point dans leur caractère spéculatif, mais dans leur nature réelle et sous un angle purement utilitaire.

En étudiant ces services hospitaliers, tels qu'ils sont actuellement et non tels qu'ils doivent être dans un avenir plus ou moins éloigné, bien des réformes nous paraîtront urgentes, faciles à réaliser, et favorables aux communes. Les signaler à l'administration, émettre des vœux motivés pour qu'on en étudie la réalisation prochaine, tel est le but que nous nous sommes proposé.

A cet effet et pour mettre un peu d'ordre dans cet exposé nécessairement assez touffu, nous examinerons les problèmes que soulève cette question de l'assistance avant l'hospitalisation du malade, puis pendant son séjour à l'hôpital et enfin après sa sortie de cet établissement.

## Avant l'hospitalisation. — Le domicile de secours

Vous savez, Messieurs, combien est délicate la recherche du domicile de secours. La loi a prescrit que, pour acquérir ce domicile, tout indigent devrait avoir fait un séjour ininterrompu d'une année dans une commune. Cette disposition, en ce qui concerne la France, était légitime et ne devait en somme entraîner que des abus peu nombreux et peu graves ; dans la métropole, en effet, on est en présence d'une population assise depuis longtemps, ne se déplaçant que lentement et que l'on peut suivre dans ses migrations parce que, pour surveiller ses mouvements, on a des services publics parfaitement organisés et habitués depuis longtemps à ces recherches. Or, il n'en est pas de même dans la colonie ; l'installation des familles européennes est dans bien des cas provisoire et passagère ; souvent elles ne réussissent point dans un centre ou dans une ville et, comme aucun passé de traditions familiales ne les retient ici plutôt qu'ailleurs, elles changent aisément de résidence. De là un mouvement continu qu'il est à peine possible de connaître. Ajoutez à cela que certains immigrants étrangers ne se fixent pas définitivement dans la colonie, qu'ils n'y restent que quelques mois pour retourner dans leur propre pays, mais que, s'ils tombent malades, ils se prévalent d'un séjour ininterrompu dans un grand centre où il est bien difficile de prouver leur absence durant quelques mois. Souvent aussi, ils élisent domicile dans une de nos cités algériennes, y laissent leur famille et vont travailler à l'intérieur ; en cas de maladie, ils sont hospitalisés aux frais de la commune pour laquelle ils n'ont pas travaillé, grevant ainsi un budget auquel ils n'ont rien rapporté.

J'insiste tout spécialement en ce qui concerne les étrangers : un des maires du département de Constantine, M. Valibouze d'Héliopolis, a demandé très justement une prolongation de durée de séjour pour acquisition du domicile de secours : « En fixant à trois années sans interruption le séjour dans une commune, pour avoir droit au bénéfice du domicile de secours, je considère que c'est un minimum de durée... Avant d'accepter un étranger, comme membre en quelque sorte de la famille communale, il nous est bien permis, il me semble, de le soumettre à un stage, pendant lequel il pourra justifier de ses aptitudes de travail et d'économie.... Il est incontestable que les étrangers sans stabilité, allant d'un côté et d'autre pour chercher du travail et un gîte pour dormir, économisant le plus possible sur son salaire pour user du mandat international, ne peuvent être considérés que comme passagers contribuant à la prospérité de la colonie et non de la commune.... Le fait d'aller de commune en commune ou de mines en minières peut déterminer à ces passagers des droits envers la colonie, mais non envers des communes. Il est donc de toute justice que ce soit la colonie qui ait à supporter la charge de les hospitaliser en attendant qu'ils acquièrent leur domicile de secours dans une commune par une durée de séjour de trois années. » Rien de plus injuste, en effet, et de plus inéquitable que de grever le budget des communes de frais d'hospitalisation pour des indigents qui n'ont contribué en rien au développement de ces communes et, la plupart du temps, n'y ont payé aucune taxe municipale.

J'insiste aussi pour les indigènes ; il se passe actuellement dans nos villes des faits bien étranges.

Lorsqu'un indigène est hospitalisé dans l'un de nos établissements hospitaliers — et ils le sont de plus en plus nombreux, car ils ne sont plus arrêtés par aucun sentiment de répulsion — l'enquête sur le domicile de secours commence. Elle est particulièrement difficile, pour ne pas dire impossible. Les indigènes appartiennent en effet à un élément de la population sur laquelle on possède des renseignements rares et imprécis ; leur domicile est presque indéterminable. Tantôt ils s'entassent dans des chambres où ils couchent huit, dix ou même quinze, tantôt ils passent la nuit dans des cafés maures. Et comme les propriétaires de ces immeubles ou de ces cafés connaissent aujourd'hui la loi et les moyens habiles de la tourner, ils font profiter de leur expérience les nouveaux venus. Aussi, dès qu'un agent se présente pour enquêter sur le domicile de secours d'un hospitalisé indigent, on lui répond presque invariablement qu'il est là depuis quelque temps, depuis longtemps, depuis plus d'une année. Et si le malade a répondu déjà qu'il n'est là que depuis un mois, l'enquête faite par la municipalité et la contre-enquête faite par le contrôle administratif sont contradictoires : de là des recherches qui n'aboutissent pas, de la paperasserie, beaucoup de paperasserie. La loi sur le domicile de secours, appliquée ainsi à l'Algérie sans atténuation, sans correction nécessaire, crée des difficultés sans nombre et de graves abus au préjudice des communes.

Nous vous proposons donc d'émettre le vœu suivant :

« Le Congrès des Maires du département d'Alger émet le vœu que le domicile de secours dans la commune ne soit en Algérie acquis et attribué aux indigents qu'après un séjour ininterrompu de trois années ».

Pour en terminer avec le domicile de secours, qu'il me soit permis de reprendre un autre vœu que j'ai présenté au Conseil municipal d'Alger et qui a été adopté à l'unanimité. Vous savez, Messieurs, que la loi des finances, concernant le budget algérien, et votée au mois de décembre dernier, contient le principe de l'application de la loi de 1905 à l'Algérie sur l'assistance aux vieillards, infirmes et incurables : elle [illegible] précisé aussi les bases financières : 40 0/0 de ces frais incomb[illegible] aux communes, 40 0/0 à la Colonie et 20 0/0 au département, dans le cas où les indigents auraient acquis le domicile communal. Ces dispositions ne seront point défavorables aux communes, à une condition toutefois : c'est que le décret à intervenir ne modifiera point le délai imparti par la loi pour l'obtention du domicile de secours, spécial à cette forme d'assistance : il est de cinq années. Vous comprenez bien, Messieurs, qu'il eût été souverainement injuste de faire supporter à des communes qui n'auraient pas bénéficié pendant plusieurs années du travail de ces indigents les dépenses d'assistance de leur vieillesse ou de leur incurabilité. La loi a donc été prudente et sage : nous demandons que cette stipulation soit respectée dans le décret qui sera publié incessamment et je crois que nous avons toute chance de l'obtenir puisque ce décret n'est point encore intervenu.

## Pendant l'Hospitalisation

L'indigent est entré à l'hôpital et la commune lui a reconnu le domicile de secours. A partir de ce moment, ce malade échappe presque complètement à la surveillance et au contrôles des municipalités. Le fonctionnement des services d'assistance est tel, en Algérie, que les hôpitaux dépendent uniquement des autorités préfectorales et coloniales et que les communes ne sont là que pour payer les dépenses qui y sont engagées. Elles n'ont aucun droit de regard sur leurs budgets, sur l'établissement du prix de journée ; elles paient, non sans protester, les comptes qui leur sont présentés et qui souvent renferment des surprises désagréables. Il y a là, on ne saurait trop insister, un vice d'organisation fondamental que l'on a souvent signalé et qui cependant se perpétue. A vrai dire, on ne voit qu'un remède radical à cette situation désastreuse, c'est la refonte complète de notre régime hospitalier : ou bien la Colonie prendra à sa charge toute l'hospitalisation, non seulement au point de vue administratif, mais encore au point de vue financier, et les communes lui abandonneront le 5me du produit de leur part de l'octroi de mer ; ou bien les communes construiront des hôpitaux, créeront des infirmeries, et se passeront des établissements de l'État. Dans ce cas, elles paieront, mais elles contrôleront la dépense. Et il n'y a pas d'obstacle insurmontable à cette solution ; car si les petites communes de l'intérieur ne pouvaient à elles seules créer des établissements toujours coûteux, rien n'empêcherait qu'elles s'entendissent avec d'autres pour édifier ces hôpitaux régionaux et pour ainsi dire intercommunaux. Mais je vous ai dit, au début de ce rapport, que je ne soulèverais point de questions de principe, et que je m'en tiendrais aux choses pratiques et aux réformes réalisables.

Or, les réformes que je vais vous proposer vous paraîtront certainement réalisables, puisqu'elles ne sont d'ailleurs pour la plupart que l'application des mesures prescrites par le Gouverneur général ou par le Conseil supérieur d'hygiène de France. Et, remarquez-le bien, elles s'inspirent toutes de cette nécessité, reconnue inéluctable par l'administration elle-même, d'associer les communes et leurs municipalités à la bonne gestion des établissements hospitaliers, gestion dont les avait écartées une loi aveugle et mal faite. C'est ainsi qu'une circulaire du Gouverneur général prescrit, en cas d'admission d'urgence d'un malade, d'avertir dans le plus bref délai la commune, où il a acquis le domicile de secours, de l'entrée de cet indigent dans un hôpital. Or, malgré les injonctions formelles de l'autorité supérieure et malgré les réclamations des communes, notification n'est pas faite dans les délais indiqués. Il nous est arrivé à Alger — et je suppose bien que le fait s'est reproduit souvent dans les communes de l'intérieur — de n'apprendre la nouvelle de l'admission d'un malade dans un hospice que par la note des frais à payer. Cela est absolument inadmissible et contraire à toutes les règles administratives.

Je sais bien qu'on objecte que le domicile de secours n'est pas toujours connu, qu'il faut un certain temps pour le déterminer, que l'administration d'un hôpital n'est pas à même d'avertir immédiatement la commune. Et l'objection est en partie légitime, mais encore est-il nécessaire de ne point profiter de cette difficulté pour, sous prétexte d'urgence, hospitaliser tous les professionnels du vagabondage hospitalier. Un exemple récent choisi entre mille : un sieur X avait pu apprendre dans ses multiples pérégrinations à travers les hôpitaux de la Colonie que les indigents, dont les frais étaient supportés par la bonne Ville d'Alger, étaient reçus à bras ouverts dans les établissements hospitaliers de la Colonie. Ne souriez pas, le crédit d'Alger pour ces dépenses n'est constaté par aucun directeur, et tous, je crois, voudraient avoir une bonne clientèle de malades venant de cette ville ou prétendant y avoir acquis leur domicile. Notre sieur X resta donc un an à Alger et deux ou trois jours de plus, sans doute pour être sûr qu'on ne lui contesterait pas avec ces deux ou trois jours en plus ce domicile de secours, une fortune, un vrai talisman ; et joyeux et content, il fit son tour d'Algérie ; il commença par l'Oranie, il y a deux ans. Pendant les chaleurs, il était à l'hôpital d'Oran ; il y resta trois mois ; de là, après quelques jours de repos et un petit voyage agréable d'Oran à Tlemcen, il gagnait l'hôpital de cette ville qui l'hébergeait durant un mois ou deux, lui permettait de se refaire de ses fatigues. Et il partait pour Mascara : le manque de gîte, et la fatigue aidant, on l'admettait à l'hôpital de cette ville ; il s'y réconfortait encore quelques mois, puis, repris de la nostalgie des grandes routes, il marchait encore, venait à Mostaganem et pour hôtellerie y choisissait l'hôpital. Comment un pèlerin d'Alger, quoiqu'indigent, ne serait-il pas hébergé et choyé ? Et puis, comme à un âge avancé les forces s'en vont, que le chemineau devient vieux, il échoue enfin dans un hospice et dernièrement le préfet d'Oran nous écrivait pour que la ville d'Alger voulût bien payer ses frais dans un hospice du département. Pour la plupart de ces entrées dans des hôpitaux successifs, la Ville n'a été prévenue que très tard, quelquefois même quand le séjour était terminé. Or, dans la circulaire du Gouverneur général, datée du 8 septembre 1908, il était dit expressément : « Dans tous les autres cas d'admissions (autres que ceux de malades possesseurs d'un certificat d'un médecin de leur commune et visé par le Maire) l'Administration hospitalière devra aviser télégraphiquement le Maire du domicile de secours présumé en lui donnant la dernière adresse du malade ; le bulletin de renseignements détaillé suivra dans les deux jours. Si l'autorité municipale n'a pas contesté le domicile de secours dans les dix jours, avec renseignements à l'appui, une proposition de classement au compte de sa commune me sera soumise ». Ces prescriptions formelles n'étaient nullement observées pour la commune d'Alger et, je le répète, jusqu'à ces derniers mois nous ne connaissions souvent la nouvelle de l'hospitalisation de certains indigents à notre charge que par le décompte qui, celui-là, ne manquait pas de nous être adressé. Depuis quelques jours, à la suite de réclamations de notre part, certains directeur celui de Bougie, celui de Philippeville, etc, nous préviennent télégraphiquement : d'autres continuent à suivre les errements d'antan. Ce que nous demandons et vous le demanderez sans doute tous avec nous, c'est l'application stricte des mesures prescrites par le Gouverneur, les seules qui permettent aux communes de suivre les malades à leur charge et de connaître les dépenses engagées sur leur budget.

Dans le même ordre d'idées, vous demanderez tous avec nous, sans doute, que soit abrégée autant que possible et sans nuire naturellement au traitement des malades, la durée de séjour dans les salles d'un hôpital. Là-dessus aussi les injonctions de l'autorité administrative aux directeurs d'hôpitaux étaient formelles et libellées en des termes qui ne prêtaient à aucune interprétation vicieuse. « Il faut mettre un terme, disait la circulaire du gouverneur général du 6 septembre 1876, à l'abus persistant des séjours trop prolongés dans quelques hôpitaux : cet abus qui atteint les ressources des communes, deviendrait une prime à l'oisiveté et à la paresse s'il n'y était apporté remède. A partir de ce jour, nul malade ne pourra rester en traitement *plus de deux mois consécutifs*, sans un ordre *spécial* et motivé du médecin traitant. L'ordre du médecin traitant sera annexé au billet d'entrée. Il sera renouvelable si le malade n'est pas reconnu incurable, cas dans lequel il est dirigé sur un hospice, comme il vient d'être dit. J'appelle sur ce point l'attention toute particulière des commissions administratives et des directeurs responsables des établissements hospitaliers. Le personnel préposé aux entrées sera pécuniairement responsable des infractions à cette règle. » Je ne sais si cette circulaire, au moment où elle fut expédiée, produisit quelque effet ; ce qu'il y a de certain, c'est que les règles imposées ne furent pas longtemps respectées et que les abus ne tardèrent pas à se reproduire comme par le passé, puisque la circulaire du 8 septembre 1908, insiste à nouveau sur ces abus : « En cette matière, disait-elle, il appartient aux directeurs des hôpitaux de tenir la main à ce que les malades ne séjournent pas au-delà du temps nécessaire dans les établissements hospitaliers. Des instructions ont été données à ces fonctionnaires pour qu'ils veillent personnellement à ce que les abus ne se produisent plus. Néanmoins, les municipalités ont le devoir de s'intéresser à l'état des malades traités aux frais des communes ; elles doivent d'ailleurs recevoir des avis périodiques à ce sujet des directeurs des hôpitaux qui leur permettent de provoquer toutes mesures permettant de réaliser des économies ; telles que l'envoi dans les hospices d'incurables, retour dans les communes des malades qui pourraient être soignés par le médecin communal en recevant les médicaments et des subsides temporaires, etc... Il leur appartient également de signaler à l'administration hospitalière les professionnels de l'hospitalisation. » Ces deux circulaires ont-elles été efficaces ? Là encore il faut constater qu'il y a eu un oubli grave des prescriptions gouvernementales ; je ne puis parler des communes environnantes, mais, à Alger, toujours jusqu'à ces derniers temps, l'administration hospitalière ne nous adressait pas ces avis périodiques dont il est parlé, pas plus que les certificats motivés des docteurs. Bien plus, cette année même, quand nous avons reçu le décompte du mois de décembre dernier, nous nous sommes aperçus, avec stupéfaction, que des malades, avaient pu rester à Mustapha pendant un an et plus, sans que nous ayons reçu les avis périodiques et les certificats médicaux. Nous savons que l'on s'est ému en haut lieu de cette situation et que l'on a donné des ordres pour qu'il y fut remédié. Mais combien l'expérience durera-t-elle ? Les abus sont tellement difficiles à supprimer qu'ils changeront de forme si l'on n'y prend garde. Ne venait-on pas de signaler tout récemment que des malades, entrés à l'hôpital pour des affections légères ou des opérations insignifiantes, y restaient comme les auxiliaires des infirmiers, brossant, nettoyant, balayant les salles ! Et n'est-ce pas le cas de quelques-uns des indigènes des hôpitaux de l'intérieur qui restent des années entières en maladie, sans que nous ayons jamais pu savoir d'une manière certaine l'affection dont ils étaient atteints ? Il y a donc encore des abus graves à redresser, il y a des économies à réaliser pour les communes qui doivent exiger une observation plus rigoureuse des règles tracées par l'administration algérienne.

Ne doivent-elles pas aussi exiger le respect des règlements généraux qui sont applicables à tous les hôpitaux et hospices de la métropole, du moins en ce qui concerne les malades payants soignés dans ces établissements ? Il y a en Algérie une méconnaissance presque complète de ces règles. Je veux bien admettre que dans une colonie en formation, tant que les hôpitaux ont été les seuls établissements où l'on pouvait soigner efficacement les malades et pratiquer normalement une opération chirurgicale, l'entrée en fut ouverte à tous ceux qui souffraient. C'était à la fois une nécessité matérielle et un devoir social. Il était aussi, quoique cela fut plus contestable, naturel et logique que les prix exigés fussent assez faibles. Mais aujourd'hui que des cliniques se sont ouvertes, qu'il existe des maisons de santé, l'heure n'est-elle pas venue sinon de supprimer, du moins de limiter de plus en plus le nombre des malades payants dans les hôpitaux ? Car ces malades, quoique payants, coûtent très cher aux communes ; les prix qu'on leur réclame sont bien inférieurs à la réalité des frais qu'ils occasionnent soit pour leur entretien, soit pour leur traitement. Il y a les malades en salle qui ne paient que 3 francs et les malades en chambre qui paient 4 francs. L'hôpital est moins cher qu'un hôtel ; l'argent que les communes doivent exclusivement affecter aux indigents va donc en partie aux aisés et aux riches.

Pourtant le règlement intérieur des hôpitaux et hospices de France condamne absolument ces pratiques, et avec lui toutes les circulaires ministérielles qui en ont commenté et précisé les articles. L'hôpital y est-il dit, est par définition affecté aux malades pauvres.

Le Conseil supérieur de l'hygiène à plusieurs reprises a insisté sur ce principe ; dans un hôpital il ne doit être réservé des lits aux malades payants « *qu'à titre tout à fait exceptionnel et dans une faible proportion* ». Les seuls cas où les hôpitaux peuvent être admis à recevoir des personnes aisées sont au nombre de trois :

» 1° Malades atteints de maladies contagieuses soit étrangers à la commune, soit appartenant à la commune, mais logés dans des conditions telles qu'ils ne peuvent être soignés à domicile utilement pour eux-mêmes ou sans péril pour autrui.

» 2° Malades étrangers de passage, atteints de maladies soit chirurgicales, soit médicales, lorsqu'il *n'existe pas dans les communes de maisons de santé ;*

» 3° Malades habitant la commune dont le cas nécessite une opération grave, quand il est constaté qu'il est impossible de faire une opération dans des conditions satisfaisantes, soit à domicile, soit dans une maison de santé ».

Encore, malgré la détermination très précise de ces trois cas d'exception, le Conseil supérieur les a immédiatement renfermées dans d'étroites limites. « Afin que les malades aisés ne fussent pas tentés d'abuser de l'hôpital, il veut que le prix de journée pour les malades payants soit toujours élevé et très supérieur au prix de revient. Afin que les médecins et chirurgiens n'aient pas intérêt à y envoyer leurs clients, il veut que le paiement de ce prix de journée incombe au malade payant pour toute charge. Afin que la Commission administrative elle-même ne se laisse pas aller à transformer l'hôpital en maison de santé, il veut qu'aucune partie de la maison hospitalière ne puisse désormais devenir payante sans l'assentiment du Ministre ».

Bien évident et nettement marqué est le désir du Conseil supépérieur d'hygiène de France et aussi du ministre de maintenir aux trois cas cités les exceptions à la grande règle que les hôpitaux et hospices sont faits exclusivement pour les indigents ; n'est-il pas opportun aujourd'hui en Algérie de s'en tenir à ces prescriptions ?

## Après l'hospitalisation

Le malade sort de l'hôpital ; s'il est guéri, il reprend ses occupations habituelles, gagne son pain ; s'il est resté infirme ou incurable, on l'évacue le plus souvent sur un hospice ; s'il est trop âgé, on le fait entrer aussi dans un hospice ou la commune le secourt à domicile. Tout autant de formes d'assistance.

Il serait déraisonnable de ma part de vouloir soulever et, en même temps, traiter la question entière de l'assistance. Ainsi que je l'ai fait pour l'hospitalisation, je n'insisterai que sur quelques points particuliers, notamment sur l'organisation très défectueuse de cette assistance et sur l'assistance aux vieillards, infirmes et incurables ou l'application de la loi de 1905 à l'Algérie.

Que de fois n'a-t-on pas dit que l'assistance était préférable à l'hospitalisation ! « Elle retient le malade dans ses foyers, elle est plus efficace parce qu'elle agit plus tôt, qu'elle prévient le mal et qu'elle n'introduit pas le malade dans le milieu toujours déprimant qu'est l'hôpital ; elle est aussi moins onéreuse parce qu'elle réduit les frais au strict minimum ». Et l'autorité supérieure poussa les communes à substituer dans tous les cas possibles l'assistance à domicile à l'hospitalisation ; elle attendait de cette mesure un allègement des charges communales. Or, depuis deux ou trois années que ce système a été employé, nous ne voyons guère les résultats obtenus. *On a un peu plus d'assistés sans doute, mais on a tout autant d'hospitalisés.*

Et à y bien réfléchir, il fallait s'attendre à cette conséquence. Les établissements hospitaliers ont besoin, pour leur fonctionnement, de leur contingent ordinaire de malades ; s'ils ne l'avaient pas, le prix de journée s'élèverait, ce qui serait une assez mauvaise note pour les chefs de ces établissements. Or, ces derniers ne dépendent point des communes et n'ont pas, par suite, un intérêt à limiter les dépenses communales. Comment avoir le courage de sacrifier ses intérêts personnels aux intérêts collectifs ! Ainsi s'expliquent et, jusqu'à une certaine mesure, s'excusent bien des défaillances dans l'application des circulaires gubernatoriales sur l'hospitalisation.

D'autre part, si l'on voulait vraiment développer les services d'assistance, il fallait reprendre à la base et réédifier l'édifice ; on s'est contenté de lui donner un étage de plus et ses fondations sont restées chancelantes. Ce qui était désirable avant toute chose, c'était de ne point éparpiller les efforts. On a laissé les indigents ou plutôt les professionnels de l'indigence quémander sans fausse honte des secours à la ville, à la préfecture, au gouvernement général, au bureau de bienfaisance, à toutes les administrations. On a laissé les habitués des consultations aller de nos consultations municipales, à celles de l'hôpital, pour venir ensuite à celles des dames de France. Au lieu de concentrer les services, on les a dispersés ; dès lors, plus de contrôle, d'autant que ces services n'étaient pas sous une direction unique. Et on s'étonnera de n'avoir pas réussi. Le péril est grand : en assistance plus que partout ailleurs toute dépense superflue est une dépense inutile, voire même dangereuse. Elle ne soulage pas les misères, elle les provoque à l'occasion et les entretient. C'est donc une refonte générale de l'assistance qu'il faut souhaiter.

Et cela est d'autant plus indispensable que la loi de 1905 sur l'assistance aux vieillards, infirmes et incurables va être appliquée incessamment à la Colonie. Inutile de rappeler ici les mécomptes auxquels a donné lieu l'application de cette loi dans la métropole ; faute d'une étude sérieuse préalable, presque toutes les lois sociales entraînent des dépenses bien supérieures à celles que l'on avait prévues. Le Parlement vote de gaîté de cœur un texte législatif et ne se préoccupe guère des conséquences financières, laissant aux municipalités le rôle ingrat ou de demander aux contribuables des taxes nouvelles ou de mécontenter une partie de la population par quelque résistance courageuse au flot montant des demandes de pension. Ah ! cette assistance à la vieillesse dans le département d'Alger a déjà un passé bien curieux et ce passé est un exemple de l'incohérence de notre politique hospitalière. En recherchant les causes de la surcharge des dépenses d'hospitalisation qui incombait à la ville d'Alger, je fus amené à découvrir une chose presque incroyable, à laquelle moi-même je n'ajoutai foi qu'après avoir provoqué plusieurs confirmations successives. Tandis que, depuis plus de trente ans, les vieillards indigents du département d'Oran et du département de Constantine étaient hospitalisés aux frais des communes (chacune de ces collectivités intervenant pour un tiers), ici, dans notre département et sous le simple prétexte que le Conseil général ne votait aucun fonds, les budgets communaux supportaient la charge tout entière ; ainsi durant trente années les communes des départements voisins ont bénéficié de la participation de la colonie et les nôtres n'ont rien touché. Et cela se chiffre par plusieurs millions. La brutalité de cette constatation, de cette révélation a bien obligé le département à accepter depuis le milieu de l'année dernière la prise en charge du tiers de ces frais : ce qui a entraîné la participation de la colonie pour un tiers. N'empêche que durant trente années nos communes se sont trouvées frustrées de sommes que l'on accordait généreusement ailleurs ; n'empêche que le département actuellement encore ne paie le tiers de la dépense que pour les nouveaux vieillards entrant dans les hospices et que, pour ceux qui ont été hospitalisés avant le mois de mai ou juin 1909, il refuse encore sa quote-part. Aussi, malgré l'imminence de l'application de la loi de 1905 à l'Algérie, je vous demande d'émettre un vœu en faveur de cette participation immédiate et complète. Puisque le principe en a été reconnu juste, pourquoi vouloir en retarder l'application intégrale ?

Quant aux effets de la loi nouvelle, je crois qu'on se leurre étrangement sur eux ; en France, où les enquêtes sur la situation réelle de la population sont plus faciles et plus sûres, on s'était étrangement trompé. On ne peut se tromper que plus étrangement encore si l'on se contente en Algérie de renseignements bien plus inconsistants et au demeurant plus vagues et plus malaisés à se procurer. Une pareille enquête n'a pas, que je sache, été faite en Algérie ; elle mériterait de l'être. Mais pour la mener à bien, il conviendrait d'associer à cette œuvre toutes les administrations coloniale, départementale et communale. Il conviendrait que les services dépendant de ces trois administrations, au lieu de se regarder avec quelque méfiance et quelque jalousie, s'unissent pour une étroite collaboration. Et c'est cette union de tous, cette unité de direction et de vue qui manque le plus. Cependant à cette condition seulement, l'enquête sera loyale, sincère et complète.

Laissez-moi terminer sur cette idée : ce n'est pas seulement dans une enquête que cette collaboration peut être féconde. Elle le sera surtout si elle s'étend à l'organisation de notre régime hospitalier. Le vice est à la base même : il consiste dans le manque de cohésion, dans la diversité de vues, dans l'opposition même des services compétents, au gouvernement général, à la préfecture, à la mairie. Établir cette unité de direction, associer plus étroitement les communes à l'administration des établissements hospitaliers, leur donner un droit de contrôle effectif sur les entrées de malades indigents et sur la durée de leur séjour, voilà le but.

---

# PIÈCES ANNEXES

*Les Attafs, le 15 mars 1910.*

MONSIEUR LE MAIRE ET CHER COLLÈGUE,

Je n'ai pas répondu plus tôt à vos lettres des 24 février dernier et 11 mars courant, relatives à la tenue du Congrès des maires qui doit avoir lieu du 20 au 22 courant.

Je compte assister en personne à ce Congrès, mais je ne pourrai être présent à la séance d'ouverture.

Enfin, si au dernier moment survenait un empêchement, je m'empresse de vous informer que j'adhère, en principe, aux résolutions qui seront adoptées par la majorité.

D'après votre première lettre, tous les rapports devaient vous être parvenus pour le 10 mars au plus tard.

Je n'ai pu tenir compte de cette limite, n'ayant pu prendre connaissance de la correspondance que ces jours derniers seulement.

J'appellerai néanmoins l'attention du Congrès sur la question de savoir si, pour les communes rurales, il ne serait pas possible de prélever un quantum à déterminer, sur les impôts achour et zekkat, au profit des communes, alors que ces impôts sont exclusivement perçus au bénéfice de l'État.

Il est à remarquer que l'administration des indigènes, dans les communes rurales, est très onéreuse pour les budgets communaux (état civil, assistance publique notamment, etc., etc.), la population étant toujours de beaucoup supérieure et, par suite, plus nécessiteuse.

Dans le cas où l'État, dont les besoins vont toujours grandissant, ne voudrait ou ne pourrait accepter de distraire de ce « gâteau » une petite part, suffisante pourtant pour alléger ou renforcer les budgets des communes rurales, ne pourrait-on envisager la création du centime additionnel à ces impôts au profit des communes. Cette contribution paraît présenter, à mon avis, assez d'élasticité pour subir cette légère distraction qui ne se traduirait, en somme, que par une très légère augmentation.

Il y aurait peut-être là une solution du problème — solution qui vaut la peine d'être examinée et discutée.

Serait-il trop tard pour que ma proposition fasse l'objet de la sixième question du programme.

Je manque de temps matériel pour rapporter cette question en détail. L'intérêt qu'elle présente retiendra sûrement l'attention de la Commission qui pourra toujours désigner un rapporteur provisoirement, le cas échéant.

Je m'efforcerai, dis-je, d'aller prendre part au Congrès ; mais vu l'éloignement et le temps limité dont je dispose, il se pourrait que je ne puisse m'y rendre ; dans ces conditions, je demanderais à ce que ma proposition ne soit pas écartée sans un sérieux examen.

Je le répète, les impôts achour et zekkat peuvent fournir quelque chose pour les communes rurales au moins, et si l'on veut les prendre dans leur ensemble, pour toutes les communes en général, soit par simple prélèvement, soit pour la création de centimes additionnels.

Veuillez agréer, Monsieur le Maire et cher Collègue, l'assurance de mes meilleurs sentiments.

*Le Maire,*
BILLET.

*N.-B.* — Si j'avais eu le temps, j'aurais préparé un rapport expliquant le mécanisme de ma proposition, qui n'est pour le moment qu'un simple projet, car moi-même je n'envisage la chose que *grosso modo.*

---

*Les Attafs, le 16 mars 1910.*

MONSIEUR LE MAIRE ET CHER COLLÈGUE,

Suite à lettre d'hier, où je vous faisais part d'un projet qui, à mon sens, pourrait être de nature à répondre aux desiderata fourmulés par les municipalités algériennes à la recherches de ressources ou d'éléments susceptibles de leur en procurer.

Mon projet, s'il fait l'objet d'une étude approfondie, aurait au moins le mérite de n'apporter aucune nouvelle charge si l'on pouvait faire jouer les impôts achour et zekkat de manière à n'opérer que des prélèvements qui ne diminueraient, en somme, les ressources de l'État que d'une portion assez minime, d'autant plus que ces prélèvements à déterminer viendraient ou plutôt pourraient être considérés comme remplaçant les subventions que la Colonie accorde aux communes pour les aider à supporter leurs charges d'hospitalisation, etc.

Au surplus, viendrait-on à créer le centime additionnel à ces impôts au profit des communes, ce supplément ne serait jamais très onéreux pour les intéressés. Car tôt ou tard, la propriété non bâtie sera fatalement imposée et les indigènes payant déjà une contribution achour et une contribution zekkat — lezma en pays kabyle, — il est douteux qu'on incorpore leurs terres *(indivises)* dans le futur régime foncier rural, si je puis dire.

D'une façon comme d'une autre, par prélèvements ou par centimes additionnels, dont le nombre serait à fixer, les communes rurales se créeraient ainsi un revenu très appréciable, car ces impôts fournissent de grosses sommes.

Les communes urbaines devraient examiner d'autres moyens évidemment, car ces impôts n'existent guère chez elle, à moins qu'on ne forme une masse du produit indiqué et qu'on en fasse la répartition d'après le budget des communes.

Je vous le répète, je n'ai pas eu le temps ni de me renseigner, ni d'approfondir ma proposition.

En la formulant, je vous dirai que j'ai été spontanément amené à m'arrêter à l'idée que ces impôts pourraient procurer aux communes des ressources importantes, sans plus.

Si l'idée paraît bonne à la Commission, qu'on la soumette au Congrès et qu'on la fasse étudier ensuite. Mais je demanderais en ce cas à faire partie de la Commission d'études; car faisant entrer les communes en concurrence avec l'État, je craindrais que ce dernier ne les mène à Canossa, si je puis m'exprimer ainsi.

Veuillez agréer, Monsieur le Maire et cher Collègue, l'assurance de mes meilleurs sentiments.

BILLET.

Mon projet pourrait toujours fournir une partie des besoins s'il n'arrivait à produire la totalité.

---

*Rouïna, le 19 mars 1910.*

MONSIEUR LE MAIRE ET CHER COLLÈGUE,

Je ne saurais, pour les raisons énoncées dans mes précédentes, rapporter ma proposition parce que, m'ayant été suggérée spontanément, je manque de renseignements et d'éléments d'appréciation nécessaires pour ce faire.

En attendant, ma proposition, qui ne manquera pas, je l'espère, de retenir l'attention de l'assemblée, pourra faire l'objet de telles dispositions qu'elle jugera convenables.

A mon avis, les impôts achour et zekkat peuvent fournir aux communes rurales l'occasion de procurer un sérieux appoint à leur budget.

En principe, je ne suis pas partisan de battre monnaie sur les denrées de consommation.

L'augmentation des impôts sur cette catégorie finit par atteindre le producteur — sans soulager en rien le consommateur.

Le seul impôt susceptible d'être augmenté dans cette catégorie serait le droit sur les huiles de graines étrangères, ce serait en outre une protection efficace pour nos huiles d'olives.

A mon sens j'estime qu'il n'existe pas ou très peu d'impôts somptuaires en Algérie.

Que ne tirerait-on aussi des ressources en imposant les automobiles, les bicyclettes, les billards, les pianos, etc., etc.

Cet impôt de luxe produirait aussi un assez joli denier. Voilà des ressources toutes trouvées pour les villes urbaines.

Voici encore pour elles surtout une autre matière imposable qui pourrait devenir fructueuse, sans être nullement vexatoire, car nos nationaux, à l'Étrnger, ne sont nullement traités sur le même pied d'égalité comme en France les étrangers.

Actuellement, l'immatriculation des étrangers, à leur arrivée dans la Colonie, est soumise à un droit de 2 fr. 80 : 1 fr. 80 pour l'État et 0 fr. 50 pour la commune qui enregistre la déclaration.

Tout le monde sait que les frais d'admission d'un étranger et les charges qu'il inflige à la commune où il fixe sa résidence sont les mêmes que pour un Français. En échange que paye-t-il à cette dernière? Une mince taxe locative et la prestation. Le plus souvent ces taxes tombent aux côtes irrecouvrables (d'où nouveaux frais encore), parce qu'au moment de payer l'intéressé a disparu pour reparaître ailleurs, sous un autre nom la plupart du temps.

Et alors, pourquoi ce droit ne serait-il pas porté à 10 francs par tête, 1/2 pour l'État, 1/2 pour la commune. Qu'on n'essaye pas du sentiment encore pour prétexter ceci ou cela. Rien ne serait plus juste pourtant.

Que n'appliquerait-on pas aussi ce droit aux Marocains qui nous coûtent aussi cher, bien plus cher même, car leur mise à la raison nous a coûté des vies humaines et des millions. Pas de sensiblerie inutile. Tous ces gens-là grèvent notre budget, emportent notre galette chez eux et ne nous rapportent rien ou peu de chose au point de vue impôt.

Enfin, les permis de chasse devraient bien rapporter aux communes plus qu'ils ne rapportent ; si je ne m'abuse, la répartition en France est plus avantageuse pour les communes qu'en Algérie. La part de l'État serait de 10 francs que ce serait encore suffisant.

J'indique ou plutôt je cite ce produit en passant pour démontrer qu'il est très facile de trouver les ressources que l'on cherche sans toucher au porte-monnaie de la catégorie de contribuables les plus intéressants : petits producteurs et petits consommateurs.

D'autres y ont certainement songé comme moi. Des discussions du Congrès il est permis d'espérer qu'il en sortira des résolutions et des conclusions conformes à l'esprit vraiment démocratique qui doit guider les mandataires du peuple réellement soucieux des intérêts de leurs mandants et de l'intérêt général également.

Il me sera impossible d'être présent demain à la séance d'ouverture. Mais je ferai tout mon possible pour assister aux séances de lundi et de mardi prochain.

Veuillez agréer Monsieur le Maire et cher collègue, à l'assurance de mes meilleurs sentiments.

BILLET,
*Maire des Attafs,*
*Propriétaire et négociant à Rouïna.*

---

*Bouïra, le 21 mars 1910.*

MONSIEUR LE MAIRE ET CHER COLLÈGUE,

Je croyais pouvoir me rendre au Congrès, mais au dernier moment je n'ai pu partir. Hier, c'était jour de marché à Bouïra et aujourd'hui il y avait audience foraine, où j'avais une affaire civile à défendre. Je pensais qu'elle se terminerait assez tôt pour me permettre de prendre le train d'Oran et aller clôturer le Congrès, car je tenais beaucoup à donner à la Commission des explications verbales sur mes diverses propositions, malheureusement l'audience s'est terminée trop tard et force m'est de renoncer à mon désir d'éclairer oralement la Commission et au besoin de défendre avec des arguments probants les questions ou plutôt celles de mes questions que la Commission aurait bien voulu retenir.

Sans frapper les degrès de consommation ou de production, il y a encore d'autres objets que l'on aurait pu imposer ou frapper d'une taxe, ou d'une augmentation.

Ainsi pourquoi ne percevrait-on pas un droit de 0,10 au profit des Communes sur toutes les expéditions faites soit par voies de terre ou de mer, dans toute l'étendue de l'Algérie. Comme l'État perçoit un droit de timbre, je crois pour icelles. Ce serait si l'on veut bien, un droit de statistique, on augmenterait simplement cette taxe de 0,10 0/0 au bénéfice des communes dont le montant serait réparti comme pour l'octroi de mer.

Et les colis-postaux pourraient être assimilés, astreints veux-je dire à un petit droit de statistique de 0,10 également toujours en faveur des communes et ce ne serait que justice, surtout pour les colis-postaux venant de France, des grands magasins de Paris, notamment qui inondent l'Algérie et tuent le commerce local.

Ces petits 0,10 centimes passeraient inaperçus et seraient facilement acceptés des intéressés.

On pourrait encore frapper d'un droit de 0,05 par exemple, au profit des communes, tous les billets de chemin de fer ou de passages par mer, délivrés dans la colonie, lorsque le prix du billet dépasserait 5 francs. Il n'y a rien de vexatoire dans tout cela et toutes ces mesures que je propose et que je ne fais qu'effleurer, faute de temps et de place, seraient après tout très rationnelles.

Enfin, je me suis attaché à vous faire part des idées que m'avait suggéré l'examen rapide du rapport dressé par la Sous-Commission. Je regrette vivement que le temps et l'éloignement ne m'aient pas permis de pouvoir présenter moi-même ces idées et de les développer devant la Commission. Je regrette également d'avoir manqué du temps nécessaire à l'établissement de mémoires supplétifs. Je suis convaincu que j'aurais intéressé le Congrès à certaines de mes idées.

Enfin redis-je, j'ai fait de mon mieux, quoiqu'il en soit, je suis persuadé que le Congrès aura eu à cœur de ne demander que des charges équitables et réparties de façon à ce que le poids ne pèse pas toujours sur les mêmes catégories de corvéables et de contribuables.

Avec la nouvelle assurance des mes meilleurs sentiments.

BILLET.

N.-B. — Je fais des vœux également pour le succès et la réussite de vos efforts, en vue de faire aboutir l'Exposition Algérienne dont le projet est dû à votre remarquable initiative.

La commune des Attafs a voté 1.000 francs pour sa participation, dont 500 francs payables sur le B. A. de 1910 et 500 sur celui de 1911.

---

*Ameur-el-Aïn, le 16 mars 1910.*

MONSIEUR LE MAIRE ET CHER COLLÈGUE,

J'ai parcouru avec un très vif intérêt le rapport de la sous-commission instituée pour la création de ressources communales.

Au cas où il ne me serait pas possible de me rendre au Congrès, ni au délégué, voici quel est mon avis au sujet des propositions résumées au tableau figurant au rapport :

Les produits, chicorée, café, tissus de coton ordinaire, étant une consommation essentielle de l'ouvrier, ou peu fortuné, ne doivent être l'[illegible] d'aucune augmentation.

Par contre le poivre, les huiles végétales autres que l'huile d'olive, les tissus de coton de qualité supérieure peuvent être frappés du droit proposé.

Je proposerais pour les vins de champagne et autres vins mousseux un droit plus élevé que celui indiqué au tableau ; il n'y aurait, à mon avis, aucun inconvénient à prévoir un droit de 0 fr. 75, attendu que ce produit concerne spécialement les classes aisées.

D'autre part je ne suis nullement partisan de création d'impôts nouveaux.

Veuillez agréer, Monsieur le Maire et cher Collègue, l'assurance de mes sentiments les plus distingués.

*Le Maire,*

AUGÉ.

---

*Dély-Ibrahim, le 23 mars 1910.*

MON CHER COLLÈGUE,

J'ai un des miens très gravement malade ; c'est donc avec un bien vif regret que je me prive du plaisir d'assister à vos intéressantes réunions.

Permettez-moi néanmoins, mon cher Collègue, de porter à la connaissance de messieurs les congressistes, par votre intermédiaire, ma façon de voir sur deux points seulement, que je soumets à l'appréciation de ceux de nos collègues qui, *en ce moment*, se consacrent au bénéfice des intérêts de notre département.

Il me semble que la multiplication des impôts demandés par notre assemblée formera difficilement un chiffre suffisant pour atteindre le but visé, et qu'en outre, beaucoup de ces impôts, frappant des produits consommés par la masse n'auront d'autre résultat que d'exciter les protestations des contribuables.

Ne pourrait-on pas trouver le moyen de combler le déficit actuel et celui bien plus considérable qui nous menace pour plus tard, en demandant *l'impôt foncier sur les terres ?*

Cet impôt foncier serait basé sur le rendement du sol exploité et non sur son étendue comme en France.

La propriété, en Algérie, serait donc frappée, je le répète, non d'après sa surface, mais bien d'après ses revenus, chose assez facile à contrôler.

Ce vœu pourra paraître téméraire, mais, sa réalisation serait, je crois, des plus équitables ; et la première émotion passée, les contribuables se rendraient facilement à l'évidence.

A mon avis, ce serait le seul moyen de grossir fortement le chiffre de nos recettes, sans avoir besoin de recourir à tout instant à de nouveaux expédients pour procurer l'argent nécessaire à notre colonie.

Je me rallie avec plaisir à ceux de nos collègues qui protestent contre les projets de lois de M. Albin Rozet nous concernant, projets dont la réalisation amènerait bien plus rapidement et bien plus sûrement la ruine de l'Algérie que tous les déficits que nous puissions craindre ou imaginer.

Ce député est l' « *honneur* » des arabes et non celui du colon algérien.

Je suis, Mon cher Collègue, votre bien dévoué.

GRANIER,

*Maire de Dély-Ibrahim.*

*Kherba, le 20 mars 1910.*

MONSIEUR LE MAIRE ET CHER COLLÈGUE,

Vous m'avez fait l'honneur de m'inviter au Congrès des Maires qui doivent se réunir demain à Alger pour rechercher l'amélioration de la situation financière des communes algériennes et vous m'avez en même temps communiqué le rapport rédigé par M. Barbedette, concluant à l'augmentation des droits d'octroi de mer sur les café, chicorée, poivre, vins de champagne, huiles, tissus de coton, etc...

Ne pouvant me rendre à Alger, je tiens cependant à vous faire part de l'avis que mon Conseil municipal a pris à l'unanimité sur ce sujet.

Il a considéré que toutes les municipalités devaient protester contre la tendance qu'ont nos législateurs de mettre à la charge des budgets communaux des dépenses nouvelles, mais qui sous aucun prétexte elles ne devaient donner le pernicieux exemple de l'augmentation des charges ou impôts déjà très lourds pour les contribuables et rechercher au contraire le moyen d'alléger leurs charges par une gestion sévère des revenus et employer les économies possibles à l'amélioration de la situation financière.

J'espère que le Congrès partagera cette manière de voir. Je l'attends de sa sagesse et j'adhère de grand cœur aux décisions qui seront prises dans ce sens.

CHARPILLET.

---

*Affreville, 21 mars 1910.*

Monsieur le Maire d'Alger,

Je me permets de vous confirmer qu'il ne me sera pas possible de suivre les travaux du Congrès des Maires auquel j'ai eu le plaisir d'assister hier lors de la séance d'ouverture.

Permettez-moi, mon cher Collègue, de vous dire que je serais heureux de voir le Congrès trancher la question posée par la Municipalité de Bône, nous invitant à des démissions collectives.

En outre je me permets de vous dire que la subvention votée par le Conseil municipal d'Affreville pour le projet d'exposition à Alger n'est affectée qu'à une exposition internationale, la seule qui nous paraisse intéressante pour l'Algérie.

Je vous confirme enfin mon adhésion par avance aux décisions qui seront prises dans le Congrès.

Avec mes remerciements pour votre aimable accueil veuillez agréer l'assurance de mes sentiments les plus dévoués et distingués.

P. Martin

# DEUXIÈME COMMISSION

## SÉANCE DU 21 MARS 1910

La séance est ouverte à neuf heures du matin sous la présidence de M. SAVIGNON.

Étaient présents :

MM. *Savignon*, maire d'Alger; *Gueirouard*, maire de Fort-de-l'Eau; *Chevalier*, maire de Birmandreis; *Baubier*, maire de Rouïba; *Dr Benoit*, maire de l'Arba; *Dr Massonet*, maire de Gouraya; *Vimal*, maire de Saint-Eugène; *Dr Fuster*, conseiller municipal d'Alger; *Dr Moliner*, premier conseiller de Boghar; *Peyroud*, maire de l'Arbatache; *Lauprêtre*, maire de Cavaignac; *Dubois*, maire d'Isserville; *Bernasconi*, de Dellys; *Dr Poli*, maire du Fondouk; *Durros*, maire de Lavarande; *Demontès*, adjoint au maire d'Alger.

**M. Savignon** invite la Commission à constituer son bureau. A l'unanimité elle désigne le docteur BENOIT comme président; M. GUEIROUARD comme rapporteur, M. le docteur MASSONNET comme secrétaire.

**Le Président** donne la parole à M. GUEIROUARD pour la lecture de son rapport :

## RAPPORT sur la situation financière des communes

Dans la pénurie budgétaire où se trouvent les communes du département d'Alger, toutes les municipalités cherchent anxieusement un moyen d'augmenter leurs ressources tout en évitant de créer des impôts nouveaux, et sur l'initiative de M. le Maire d'Alger tous les Maires des communes se sont réunis en congrès.

Au mois d'octobre dernier, les Maires du département de Constantine se sont déjà réunis en congrès pour examiner aussi de quelle façon ils pourraient augmenter les ressources de leurs communes. Si les communes du département de Constantine se plaignent de leur situation financière, que devons-nous dire, nous du département d'Alger, qui n'avons pas comme nos voisins une population arabe très dense qui assure des revenus considérables pris sur l'octroi de mer.

Depuis l'ordonnance du 21 décembre 1844 qui a institué l'octroi de mer en Algérie, la répartition se faisait par département.

Le décret pris en Conseil d'État en 1890 et prorogé par celui du 30 décembre 1895 jusqu'au 1er janvier 1898 a lésé les intérêts des communes du département d'Alger en supprimant cette répartition et en la remplaçant par une répartition dite coloniale. Ce nouveau mode de répartition a eu pour résultat de faire perdre aux communes du département d'Alger, de 1891 à 1895, dans l'espace de quatre ans par conséquent, la somme de 805.167 francs et aux communes du département d'Oran 74.086 francs.

Les pertes subies par les communes de ces deux départements l'ont été au profit des communes du département de Constantine qui ont vu augmenter leurs recettes de 879.153 francs en quatre ans. Malgré les rapports des conseillers généraux, le décret n'a pas été rapporté ; on a soutenu que si le Conseil d'État avait rendu ce décret, c'est que le département d'Alger était trop avantagé, qu'il avait les distilleries sur son territoire, les distilleries ont disparu depuis 1896, mais le mode de répartition est resté le même et les communes du département d'Alger ont perdu en 19 ans plus de quatre millions.

La répartition dite coloniale est injuste, il faudrait que les communes de chaque département perçoivent l'octroi de mer sur les marchandises qu'elles consomment. Les adversaires de cette répartition qui serait plus équitable vont faire valoir que notre port étant le plus fréquenté, une grande quantité de marchandises payant l'octroi de mer est expédiée sur Alger et de là dans les départements voisins, que dès lors nous serions trop avantagés.

Pour faire voyager les marchandises il faut une lettre de voiture, un connaissement, et il serait par conséquent facile à la perception du département d'Alger de tenir compte aux départements voisins des marchandises qui auraient payé le droit à Alger. Je préconise ce moyen pour éviter la fraude, les marchandises payant à l'arrivée.

Ainsi les communes des trois départements auraient pour ressources l'octroi de mer prélevé sur les marchandises qu'elles consomment.

Malgré ce mode équitable de répartition, les budgets des communes s'équilibreront difficilement. D'aucuns soutiennent qu'il faut demander des subventions à la Colonie, est-ce une solution ? Je ne le crois pas, la Colonie a ses charges, elle doit compléter son outillage agricole, routes, chemins de fer, barrages, ports, etc. ; le budget métropolitain cherche par tous les moyens à lui laisser les dépenses qui appartiennent au budget de l'État. Enfin, quand nous demandons des subventions à la Colonie, grâce à la largesse de vue et à l'équité de M. le Gouverneur nous les obtenons, mais il fut un temps où les Maires qui n'étaient pas les amis des hommes politiques n'obtenaient rien ou presque rien, on les combattait par ce moyen ; ce temps peut revenir, il faut que les municipalités équilibrent leur budget avec leurs propres ressources, elles n'auront rien à demander. Celui qui demande laisse dans cette démarche quelque lambeau de son indépendance, même s'il demande l'intervention d'un homme politique. Nous pourrions seulement insister auprès de la Colonie pour lui faire prendre à sa charge les dépenses d'instruction primaire, elle nous abandonnerait de ce chef 1/6 de l'octroi de mer qu'elle nous retient.

Je me rallie à la proposition de M. Barbedette en vue de l'augmentation de l'octroi de mer sur les marchandises ci-après :

| | |
|---|---|
| Café, 10 francs de plus | 750.000 fr. |
| Chicorée, 5 francs de plus | 32.500 » |
| Poivre, 15 francs de plus | 28.500 » |
| Vins de champagnes et vins mousseux | 75.000 » |
| Huiles végétales autres que celles d'olives | 1.000.000 » |
| Tissus coton ordinaire | 1.180.000 » |
| Tissus coton qualité supérieure | 400.000 » |
| | 3.466.000 fr. |
| Il faut défalquer 1/6ᵉ pour la perception | 207.960 » |
| | 3.258.040 fr. |
| Il faut défalquer 1/6ᵉ revenant à la Colonie pour dépenses instruction publique | 543.006 » |
| | 2.715.034 fr. |

venant s'ajouter à la recette de 7.816.000 francs que touchent les communes des trois départements = 34,7 °/ₒ d'augmentation.

Je demanderai que l'on appliquât un droit sur les tabacs importés et une augmentation sur les alcools.

Nous pourrions en outre, Messieurs, créer des ressources aux communes en demandant l'imposition des terrains non bâtis dans les villes et les villages. Je ne parle que des terrains à bâtir.

N'y a-t-il pas, en effet, quelque chose d'injuste dans ce fait qu'un propriétaire qui attend la hausse de sa propriété les pieds sur les chenêts sans payer un centime à la collectivité ne paie aucun impôt et s'enrichisse sans rien payer. Que l'on ne m'oppose pas le projet de loi en cours, l'impôt sur le revenu, cette loi ne l'atteindra même pas. Sans vouloir faire de personnalité, il y a un propriétaire qui a acheté un terrain de 1.400ᵐ², 112.000 francs en 1879. Nous savons que l'intérêt du capital à 5 °/ₒ double le capital en 15 ans, 224.000 francs; en 30 ans, 448.000 francs. Ce propriétaire a vendu son terrain un million, il n'a rien versé à la collectivité, il a attendu la hausse; s'il avait construit il aurait rapporté à la commune d'Alger les taxes des loyers, une partie sur les patentes, une partie sur les centimes de l'impôt foncier, il aurait payé la concession d'eau, taxe de balayage, etc., etc., il n'a eu aucun souci, son premier capital lui a rapporté 5 0/0 plus 556.000 francs de bénéfice. On se plaint en général de la cherté des loyers qui ne sont élevés que parce que les terrains sont hors de prix.

Une société qui a acheté les terrains à la ville réalise des bénéfices sans payer un centime d'imposition. Voici à côté un propriétaire qui doit les 3/4 de la valeur de son immeuble, il paie l'impôt foncier sur la totalité de la valeur. Est-ce juste ? Il faut imposer les terrains non bâtis, il y a là une source de revenus ; on pourrait les imposer 0 fr. 75 0/0 de leur valeur ce qui constituerait de grandes ressources.

Voici une autre injustice à réparer tout en trouvant des ressources pour nos budgets.

Un petit marchand de vin pour exercer son industrie paie 4 et 500 francs d'impôt par an, il y a à côté de lui des notaires qui gagnent cent mille francs et qui paient 150 francs de patente. Ils seront imposés par l'impôt sur le revenu, mais quand sera-t-il voté ? Il y a aussi les huissiers, les avoués, les greffiers, à qui on donne les charges et qui paient une patente insignifiante. Eh bien ! qu'on rende leurs charges vénales et que le produit soit distribué entre les communes ou qu'on leur applique un impôt qui sera proportionné à la valeur de leur étude. Il est souverainement injuste qu'un avoué qui gagne 50 à 60.000 francs net par an ne paie qu'une patente dérisoire, il faut que tous ceux qui vivent de la collectivité lui viennent en aide.

J'espère, mes chers collègues, que le travail que nous allons faire en commun portera ses fruits et que nous aurons pour nous la satisfaction du devoir accompli.

**Le Président** remercie M. Guerouard de son travail intéressant, mais il fait remarquer que ce travail touche à toutes les questions soumises à l'étude du congrès. Il pense que la deuxième Commission doit se borner à étudier les deux seules questions qui soient réellement de sa compétence : le mode de répartition du produit de l'octroi de mer et le retour aux communes du 6me de l'octroi de mer perçu depuis 1889 par l'État pour les dépenses de l'instruction publique. Le rapport de M. Guerouard sera ensuite renvoyé aux deux autres commissions.

Il en est ainsi décidé.

---

## Octroi de mer

**M. Gueirouard** donne lecture de la partie de son rapport qui concerne le mode de répartition de l'octroi de mer.

Il rappelle que, pour légitimer l'abandon de la répartition à l'unité départementale, Constantine a soutenu que ce mode de répartition avantageait le département d'Alger en raison des distilleries installées sur son territoire, mais ces distilleries ont disparu depuis 1896. Du reste on oubliait que Philippeville et Bône avaient aussi des distilleries. Alors qu'il était membre du conseil général d'Alger, il avait, à plusieurs reprises, obtenu des membres de cette assemblée, des délibérations pour demander le retour à l'unité départementale, mais l'action des représentants de Constantine a empêché ceux de notre département d'obtenir la légitime satisfaction qu'ils réclamaient. Depuis cette époque le silence s'est fait, et, ainsi qu'il vient de l'apprendre, c'est toujours la répartition à l'unité coloniale qui est en vigueur, bien qu'elle fasse perdre injustement chaque année des centaines de mille francs au département d'Alger.

**Le Président** tient, avant de mettre le vœu de M. Gueirouard en discussion, à faire remarquer que les délégations financières ont agité à maintes reprises cette importante question devenue classique pour elles. En 1908 notamment, à la délégation des Non-Colons, elle a fait l'objet d'un véritable tournoi oratoire entre M. Lefèbvre, champion des intérêts algérois, et M. Morinaud, tenant de Constantine, Oran étant à peu près désintéressé dans la question.

Un des arguments, présenté par M. Morinaud, à l'appui du maintien du *statu quo*, est très impressionnant ; l'impossibilité de constituer des barrières douanières entre chaque département, seul moyen cependant d'établir le point où chaque produit, entrant dans un port d'Algérie, est utilisé. La délégation des non-colons a voté le retour à la répartition de l'unité départementale.

**M. Baubier** indique que les matières venant par mer sont prises en charge par la régie ou la douane ; il serait aisé de délivrer une décharge par un simple titre de mouvement et il n'y aurait ainsi aucun frais supplémentaire. Le négociant algérois qui aurait pris les marchandises en serait déchargé et celui de Constantine par exemple les prendrait en charge.

**M. Gueirouard** expose que devant l'énergique insistance des Constantinois à maintenir la répartition à l'unité coloniale, il leur avait demandé de consentir à la répartition suivant le même mode pour l'impôt indigène dont le rendement est particulièrement élevé dans le département. Ils ont naturellement refusé.

M. Gueirouard tient à calmer les appréhensions de ses collègues en ce qui concerne les dépenses pouvant résulter du changement de régime dans les répartitions du produit de l'octroi de mer. Les négociants feront suivre leurs marchandises de lettres de voiture avec les connaissements et la vérification sera très facile.

**M. Bernasconi** ajoute qu'avec la douane on peut déjà connaître les marchandises reçues.

**M. Peyroud** observe que tous ceux qui reçoivent des produits coloniaux les prennent en franchise. Il est facile de les suivre par un simple passeport.

**M. Poli** considère que dans le département de Constantine la situation des communes est mauvaise malgré le maintien du régime de l'unité coloniale.

**M. Gueirouard** dit qu'il y a une question d'équité à faire bénéficier du produit de l'octroi de mer le département où la marchandise est consommée.

**M. le docteur Massonet** est de l'avis de M. Poli. Il lui semble qu'on doit surtout se préoccuper d'apporter un remède à la mauvaise situation financière des communes.

**M. le docteur Benoit** fait ressortir que par suite du développement du trafic dans le département d'Oran à cause de sa situation près du Maroc, l'intérêt pour le département d'Alger de revenir au mode de répartition ancien apparait comme de moins en moins favorable. D'autre part les formalités nécessaires en vue de déterminer le lieu de consommation des marchandises importées semblent devoir être fort compliquées quoi qu'on dise.

Enfin, est-il réellement opportun d'esquisser au lendemain du Congrès de Constantine le geste qui nous est demandé, car en somme ce n'est qu'un geste sans grande portée? Il se comprendrait encore s'il pouvait avoir une autre utilité que celle d'être désagréable à nos voisins de l'Est!

**M. Baubier** est convaincu qu'il sera facile au moyen d'extraits tirés des carnets de négociants de déterminer la part du produit d'octroi de mer revenant à chaque département.

**M. Massonet** objecte que les négociants ne prennent pas toutes les marchandises en charge.

**M. Vimal** prévoit de nombreuses et insurmontables difficultés pour essayer d'arriver à suivre les marchandises.

Un commerçant achètera des produits à Alger et pourra les débiter en détail dans toutes les parties de la colonie sans qu'on puisse avoir le moindre contrôle.

**M. Dubois** estime, en effet, que le colportage échappera nécessairement à toute surveillance.

**M. Vimal** montre les inconvénients qui résulteraient de la nécessité d'organiser un contrôle général, les petites communes verraient en effet leurs recettes baisser, car les habitants des communes avoisinant les grands centres vont s'alimenter à la ville, et pour déterminer exactement les lieux de consommation, il faudrait établir des barrières entre toutes les communes.

**M. Gueirouard** ne voit pas comment les petites communes pourraient être lésées car la répartition se fait par tête d'habitant.

**M. Massonet** admet l'hypothèse où le vœu présenté par M. Gueirouard aboutirait. A ce moment les communes du département de Constantine vont subir une perte sensible, et pour équilibrer leur budget elles réclameront de nouvelles ressources. On sera ainsi amené à accroître l'impôt de l'ensemble des contribuables de l'Algérie. Ainsi de toute façon on est conduit à l'établissement de nouvelles charges.

**M. Gueirouard** déclare que dans son rapport il s'est rallié aux conclusions de M. Barbedette tout en élargissant le cadre de ses propositions.

**M. Baubier** ne croit pas que le fait d'émettre un vœu en faveur du retour à l'ancien mode de répartition accentuera les rivalités qui peuvent exister entre les départements.

La seule considération qui doive préoccuper les congressistes est de savoir si cette solution serait favorable aux intérêts du département d'Alger.

**M. Peyroud** observe que les marchandises importées et sujettes à l'octroi de mer arrivent par les différents ports de l'Algérie et de tous les points, les denrées sont transportées dans toutes les directions, il espère ainsi une sorte de compensation, entre les denrées qui arrivent dans le département et celles qui vont aux autres départements.

Au fait le Congrès n'a pas à s'inquiéter de Constantine, il est réuni en vue de s'occuper des intérêts du département d'Alger. La commune que représente M. Peyroud est absolument pauvre et il croit que bon nombre d'autres sont dans le même cas : dès lors on ne doit rien négliger pour leur procurer des ressources. Il insiste sur le peu de difficultés que rencontrera la mise en pratique du contrôle des marchandises ; un simple passavant suffira.

**M. le docteur Benoît**, président, déclare qu'il ne combat pas le vœu de M. Gueirouard, car il l'a déjà voté au sein des Délégations, il se contente de soumettre à ses collègues quelques observations. Il estime qu'il aurait mieux valu ne pas agiter semblable question au moment où toutes les communes d'Algérie, constantinoises, algéroises et oranaises, sont atteintes du même mal et recherchent de concert, pour ainsi dire, un remède à la situation. On trouvera étrange que les communes algéroises songent, tout d'abord, à améliorer leur budget au détriment de leurs sœurs de Constantine, tout aussi gênées qu'elles.

**M. Gueirouard** objecte que le département de Constantine a profité de 4.500.000 francs qui ont pu être employés en travaux au détriment de celui d'Alger.

Si les communes des départements voisins sont pauvres c'est que peut-être leur gestion n'a pas été prudente.

**M. Lauprêtre** rappelle que le principal argument qui a été invoqué pour empêcher le retour à l'ancien mode de répartition était l'existence de distilleries dans le département d'Alger. Or ces établissements n'existent plus.

**M. Fuster** pense qu'on pourrait motiver le vœu en faisant ressortir que les raisons qui ont prévalu pour décider le maintien du régime ont disparu et qu'ainsi il est temps de revenir à la répartition par unité départementale.

A la suite de cet échange d'observations **le Président** déclare la discussion close.

Il consulte la Commission sur le vœu proposé par M. Gueirouard et tendant à la répartition du produit de l'octroi de mer par unité départementale.

A l'unanimité la Commission adopte le vœu.

---

## Instruction Publique

**M. le docteur Benoit** met ensuite en discussion le vœu de M. Gueirouard tendant à ce que l'État prenne à sa charge toutes les dépenses de l'instruction primaire et abandonne aux communes le 1/6 de l'octroi de mer.

**M. le docteur Benoit**, président, fait remarquer que dans le vœu ainsi présenté il y a une confusion entre les dépenses communales (indemnité de résidence, logement, fournitures scolaires) et celles de l'État (traitement des instituteurs). Il donne à ce sujet lecture du texte de la loi du 15 juillet 1884. Il estime que pour éviter toute erreur d'interprétation la Commission devrait se borner à émettre le vœu que le 1/6 de l'octroi de mer perçu actuellement par l'État pour les dépenses de l'enseignement soit restitué aux communes. Les délégations financières ont d'ailleurs émis un vœu analogue.

**M. Dubois** pense qu'on pourrait également demander que l'État restituât le 1/20 perçu pour les dépenses concernant les médecins de colonisation.

**M. le docteur Benoit**, président, exprime l'avis que cette question ne doit pas être soulevée car ce 1/20 n'est prélevé que pour les communes pourvues d'un médecin de colonisation, et le montant de cette retenue est inférieur aux dépenses qui incomberaient à ces communes si elles avaient la charge d'un médecin communal.

**M. Poli** trouve qu'en effet c'est là un avantage pour les communes.

**M. Fuster** dit qu'il est à craindre que l'État, pour compenser le déficit résultant de la perte du 1/6 qui serait rendu aux communes, n'établisse un impôt de compensation.

Personne n'ayant d'autres observations à présenter le **Président** met aux voix le vœu dû à l'initiative de

M. Gueirouard et tendant à ce que l'État restitue aux communes le 1/6 du produit de l'octroi de mer.

Ce vœu est adopté à l'unanimité.

Les autres propositions formulées par M. Gueirouard sont renvoyées aux Commissions compétentes.

**M. Baubier** entretient ensuite l'assemblée de la question des rapports des maires avec les instituteurs. Plusieurs maires formulent des plaintes contre leurs directeurs ou leurs directrices d'école.

**Le Président** fait remarquer que cette question, très intéressante du reste, ne rentre pas dans le cadre de nos études.

La Commission estimant que cette question échappe à son examen, décide de passer à l'ordre du jour.

---

## Assistance Publique. — Dépenses hospitalières

### VŒUX de M. le docteur Benoit

**M. le docteur Benoit** expose qu'il a un certain nombre de vœux à présenter à la Commission, tous inspirés par le désir de réduire le montant des charges hospitalières des communes.

Il se déclare tout d'abord résolument opposé à l'abandon par les communes à l'État du 1/5 de l'octroi de mer moyennant reprise par le budget colonial de toutes les dépenses d'hospitalisation.

La grande majorité des communes de l'Algérie perdrait ainsi des sommes assez importantes et verrait compromettre par cette mesure leur équilibre budgétaire.

**M. Demontès** fait remarquer que la ville d'Alger a des dépenses hospitalières bien supérieures au 1/5 de l'octroi de mer.

**M. le docteur Massonet** a pu se convaincre, par l'examen de certains documents, que les affirmations du docteur Benoit sont exactes.

**M. le docteur Benoit** explique que par une sorte de mirage assez explicable dans notre pays la plupart des communes sont arrivées à croire et à déclarer qu'elles dépensaient pour leurs hospitalisés des sommes supérieures au 1/5 de leur octroi de mer alors qu'il n'en est rien. C'est ainsi que, l'année dernière, une ville assez importante du département de Constantine a envoyé à tous les délégués financiers une délibération émouvante pour leur demander de voter la reprise par l'État des dépenses communales d'hospitalisation. Or précisément, cette même année, la dite ville réalisait un bénéfice de 1.500 francs sur son 1/5 d'octroi de mer et l'année précédente elle avait déjà eu un bénéfice, de 30 francs seulement il est vrai. C'est dans l'étude des documents officiels qu'il faut chercher la vérité et non pas dans des affirmations émises à la légère. Or voici ce que disent les documents officiels pour les années 1906, 1907 et 1908 :

## Frais d'hospitalisation en 1906

### ALGER

*(Communes de plein exercice)*

| | | |
|---|---|---|
| Total des droits constatés........................ | 703.465 | » |
| Quart de l'octroi de mer........................ | 487.750 | » |
| Total des bonis réalisés........................ | 51.723 | » |
| Total des excédents........................ | 267.438 | » |
| Nombre des communes en boni ................ | 60 | » |
| Nombre des communes en déficit................ | 46 | » |
| (dont 7 ont un déficit inférieur à 100 fr.) | | |
| Déficit d'Alger........................ | 185.382 | » |

### ORAN

*(Communes de plein exercice)*

| | | |
|---|---|---|
| Total des droits constatés........................ | 414.570 | » |
| Quart de l'octroi de mer........................ | 444.243 | » |
| Total des bonis réalisés ........................ | 92.978 | » |
| Total des excédents ........................ | 63.305 | » |
| Nombre des communes en boni................ | 75 | » |
| Nombre des communes en déficit................ | 14 | » |
| (dont 2 ont un déficit inférieur à 100 fr.) | | |
| Déficit d'Oran ........................ | 40.158 | » |

### CONSTANTINE

| | | |
|---|---|---|
| Total des droits constatés ........................ | 386.893 | » |
| Quart de l'octroi de mer ........................ | 279.802 | » |
| Total des bonis........................ | 18.390 | » |
| Total des excédents........................ | 125.841 | » |
| Nombre des communes en boni................ | 28 | » |
| Nombre des communes en déficit................ | 45 | » |
| (dont 4 ont un déficit inférieur à 100 fr.) | | |
| Déficit de Constantine ........................ | 52.713 | » |
| Déficit de Philippeville........................ | 17.098 | » |

## Frais d'hospitalisation en 1907

### ALGER

*(Communes de plein exercice)*

| | | |
|---|---|---|
| Total des droits constatés | 687.904 | » |
| Quart de l'octroi de mer | 491.112 | » |
| Total des bonis réalisés | 62.458 | » |
| Total des excédents | 256.250 | » |
| Nombre des communes en boni | 73 | » |
| Nombre des communes en déficit | 33 | » |
| (dont 3 ont un déficit inférieur à 100 fr.) | | |
| Déficit d'Alger | 200.091 | » |

### ORAN

*(Communes de plein exercice)*

| | | |
|---|---|---|
| Total des droits constatés | 313.665 | » |
| Quart de l'octroi de mer | 461.454 | » |
| Total des bonis réalisés | 90.482 | » |
| Total des excédents | 42.693 | » |
| Nombre des communes en boni | 73 | » |
| Nombre des communes en déficit | 16 | » |
| (dont 6 ont un déficit inférieur à 100 fr.) | | |
| Déficit d'Oran | 27.256 | » |

### CONSTANTINE

| | | |
|---|---|---|
| Total des droits constatés | 402.817 | » |
| Quart de l'octroi de mer | 292.696 | » |
| Total des bonis réalisés | 23.881 | » |
| Total des excédents | 134.102 | » |
| Nombre des communes en boni | 31 | » |
| Nombre des communes en déficit | 12 | » |
| (dont 4 ont un déficit inférieur à 100 fr.) | | |
| Déficit de Constantine | 63.631 | » |
| Déficit de Philippeville | 19.866 | » |

## Frais d'hospitalisation en 1908

### ALGER

*(Communes de plein exercice)*

| | | |
|---|---|---|
| Total des droits constatés | 645.846 | » |
| Quart de l'octroi de mer | 493.088 | » |
| Total des bonis réalisés | 68.550 | » |
| Total des excédents | 219.308 | » |
| Nombre des communes en boni (1) | 79 | » |
| Nombre des communes en déficit | 28 | » |
| (dont 3 ont un déficit inférieur à 100 fr.) | | |
| Déficit d'Alger | 182.741 | » |

### ORAN

*(Communes de plein exercice)*

| | | |
|---|---|---|
| Total des droits constatés | 401.772 | » |
| Quart de l'octroi de mer | 462.721 | » |
| Total des bonis réalisés | 97.943 | » |
| Total des excédents | 126.041 | » |
| Nombre des communes en boni | 71 | » |
| Nombre des communes en déficit | 18 | » |
| (dont 1 a un déficit inférieur à 100 fr.) | | |
| Déficit d'Oran | 19.205 | » |

### CONSTANTINE

*(Communes de plein exercice)*

| | | |
|---|---|---|
| Total des droits constatés | 388.551 | » |
| Quart de l'octroi de mer | 293.271 | » |
| Total des bonis réalisés | 30,761 | » |
| Total des excédents | 126.041 | » |
| Nombre des communes en boni | 388 551 | » |
| Nombre des communes en déficit | 40 | » |
| (dont 3 ont un déficit inférieur à 100 fr.) | | |
| Déficit de Constantine | 62.801 | » |
| Déficit de Philippeville | 22.460 | » |

(1) La commune de Douaouda figure pour la première fois dans la statistique.

**Le Docteur Benoit** estime qu'une fois ces chiffres connus il n'est plus possible de demander à un Congrès des Maires du département d'Alger de voter, comme d'aucuns se le proposaient, l'abandon du 1/5 de l'octroi de mer ; ce serait en effet une opération désastreuse pour les 2/3 des communes du département d'Alger. Et il serait hostile à cet abandon, même dans le cas où le montant des dépenses serait égal ou même supérieur au produit du 1/5 de l'octroi de mer pour l'unanimité des communes, car, quoiqu'on dise, malgré toutes les précautions qu'on pourrait prendre, ces dépenses s'accroîtraient rapidement, le jour où les communes ne seraient pas directement intéressées à les comprimer le plus possible ; et le contribuable auquel nous devons toujours songer, quand il s'agit de dépenses, serait en somme victime de notre imprévoyance.

Le souvenir de ce qui s'est passé entre les années 1858 et 1874, alors que les frais de séjour étaient supportés par les départements, ne doit pas être oublié. La lecture des procès-verbaux du conseil général et des actes administratifs de l'époque est absolument significative. Bien certainement les abus d'hier seraient les abus de demain si les communes n'avaient pas la responsabilité pécuniaire de leurs hospitalisés.

Et, puisque nous sommes entre nous, nous pouvons bien l'avouer, chacun de nous n'a-t-il pas le billet d'hôpital plus facile, lorsqu'il s'agit d'un malade dont les frais d'hospitalisation ne sont pas supportés par sa commune ?

Il est enfin un troisième argument à présenter contre la prise en charge par la colonie des dépenses hospitalières, c'est qu'elle supprimerait rapidement le mouvement vers l'assistance à domicile qui va s'affirmant de plus en plus dans toutes les communes. L'assistance à domicile et l'hospitalisation sont en effet deux choses absolument différentes que M. Demontès a confondues dans son rapport au conseil municipal d'Alger sur le projet de congrès, la première est en effet un correctif heureux de la seconde tant au point de vue social qu'au point de vue budgétaire.

**M. Demontès** déclare que les solutions qu'il a l'intention de proposer sont absolument pratiques.

**M. le Docteur Benoit** poursuit en faisant remarquer que M. Morinaud qui a toujours été un des partisans les plus résolus de la prise en charge par les colonies des dépenses hospitalières n'a pas repris au Congrès des Maires de Constantine le thème familier dont le triomphe amènerait du reste à la ville qu'il administre des économies considérables sur le cinquième de l'octroi de mer.

Ce n'est pas en déplaçant les responsabilités pécuniaires qu'on peut diminuer les frais de séjour dans les hôpitaux. C'est en s'attaquant franchement aux causes immédiates de l'accroissement continu de ces frais de séjour que l'on fera œuvre pratique, entrées abusives dans les hôpitaux, dépenses trop élevées dans les établissements hospitaliers, prolongation excessive du séjour dans les salles. Le Gouvernement général a voulu le faire et sa circulaire du 2 mai 1906 est animée des meilleures intentions. Voici les dispositions relatives à l'admission des malades dans les hôpitaux.

Les admissions des malades dans les hôpitaux ont lieu de deux façons. Le malade est accompagné d'un billet délivré par le médecin de sa commune et visé par le Maire qui reconnaît le domicile de secours et, par conséquent, prend les frais d'hospitalisation à la charge de la commune. C'est l'hospitalisation normale, le maire a agi dans la plénitude de ses attributions, le malade est admis sans difficultés à l'hôpital, l'administration n'aura à intervenir que pour éviter qu'il n'y séjourne au-delà du temps indispensable pour sa guérison.

La deuxième hypothèse est celle de l'indigent qui se présente à l'hôpital avec un certificat de médecin visé par un maire ou un commissaire de police qui ne sont pas de son domicile de secours. Dans la circonstance, ce n'est pas l'autorité municipale responsable des frais d'hospitalisation qui est intervenue, et des difficultés pourront se produire lorsqu'il s'agira d'assurer le remboursement de ces frais. Mais on ne se trouve pas moins en présence d'un certificat de médecin qui déclare l'hospitalisation nécessaire et même urgente. Le directeur d'hôpital est obligé de s'incliner devant l'opinion du praticien : agir autrement serait assumer de sa part une grave responsabilité puisqu'il s'exposerait à laisser à la porte de l'hôpital un malade en danger. Or, des déclarations recueillies de la bouche des médecins les plus sérieux et les plus estimés, il résulte que l'on ne sait pas refuser les certificats d'admission, qu'autant l'on est réservé lorsqu'il s'agit de malades à la charge de sa propre commune, autant l'on est facile et large aussi bien à la mairie que chez le médecin pour les malades qui relèvent d'une localité. Et maires et médecins reconnaissent le préjudice grave qu'occasionne aux collectivités communales la pratique devenue courante de ces admissions anormales, indiquant d'eux mêmes qu'ils ne verraient qu'avantage à ce qu'on leur retirât expressément et totalement le pouvoir de délivrer des billets d'hôpital pour d'autres que pour leur propres administrés.

Désireux de mettre un terme aux abus actuels, mon administration est décidée à s'arrêter à cette solution.

Je vous prie d'inviter les directeurs et économes d'hôpitaux à ne considérer désormais comme valables que les billets d'admission concernant les malades dont les municipalités reconnaissent le domicile de secours, et, par suite s'engagent à payer les frais d'hospitalisation,

### Admission d'urgence des blessés et malades graves

Ces dispositions ne peuvent bien entendu, avoir pour effet d'interdire l'entrée de nos hôpitaux ni aux blessés graves ni aux malades dangereusement atteints et qui ne seraient pas porteurs de pièces régulières : Les directeurs d'hôpitaux sauront apprécier les cas exceptionnels dans lesquels l'admission ne peut subir aucun ajournement, ils auront toujours la ressources d'exiger du médecin préposé à la visite des entrants l'affirmation écrite que l'admission à l'hôpital ne peut être différée des 24 ou 48 heures nécessaires au malade ou à sa famille pour se procurer les autorisations nécessaires auprès de la Mairie dont il relève. Dans tous les cas l'administration hospitalière devra elle-même aviser télégraphiquement de ces admissions exceptionnelles le maire du domicile de secours présumé en lui donnant la dernière adresse du malade ; le bulletin de renseignements détaillé suivra dans les deux jours. Si, dans les 10 jours, l'autorité municipale n'a pas contesté avec renseignements à l'appui le domicile de secours, une proposition de classement au compte de la commune vous sera soumise. Les communes reconnaîtront que c'est dans leur propre intérêt qu'il convient de suivre cette procédure rapide ; il est, en effet indispensable de vérifier et de contrôler pendant que le malade est encore à l'hôpital ses déclarations ou celles de ses proches ; un nouvel interrogatoire, effectué dès la réception de la réponse du maire, permettra souvent de compléter les premiers renseignements et de fixer définitivement le lieu du domicile de secours.

### Malades ordinaires non pourvus d'autorisation de leur commune

Il vient d'être question des malades graves dont l'admission ne peut être différée. Restent les malades ordinaires qui peuvent, à première vue, être divisés en deux catégories : ceux qui sont domiciliés dans une commune d'Algérie et ceux qui n'ont pas encore acquis ou qui ont perdu le domicile de secours communal dans la colonie.

Les premiers doivent, comme il a été dit plus haut, être invités à se pourvoir de l'autorisation du maire de leur commune qui reconnaîtra par là même le domicile de secours du malade. S'ils l'obtiennent, aucune difficulté pour les admettre à l'hôpital. Si, après 48 heures, cette autorisation leur est refusée ou si la commune est trop éloignée pour qu'une réponse parvienne à temps voulu, le directeur de l'hôpital fera visiter le malade par un médecin délégué à cet effet. Ce médecin appréciera si le malade exige impérieusement les soins de l'hôpital. Dans l'affirmative, le médecin admettra le malade à titre provisoire (s'il s'agit d'un grand hôpital) ou bien il consultera le médecin sur l'opportunité de diriger le malade sur un hôpital-hospice de l'intérieur où l'hospitalisation est moins onéreuse pour les communes.

Dans l'un comme dans l'autre cas, avis sera donné télégraphiquement au maire de la décision prise, et la procédure prescrite pour les admissions d'urgence sera suivie par l'hôpital d'évacuation. »

**MM. Demontès** et **Bernasconi** déclarent que les avis télégraphiques ne se font pas.

**M. le Dr Benoit** estime que les avis télégraphiques, même régulièrement envoyés, ne sont qu'un palliatif illusoire et que, d'une façon générale, les prescriptions de la circulaire, parfaites en théorie, n'ont qu'une utilité contestable en pratique et peuvent même être dangereuses.

Il n'y a pas 48 heures, il envoyait à l'hôpital de Mustapha un Espagnol parlant très difficilement le français et ne connaissant pas la ville d'Alger, dont les frais d'hospitalisation devaient être supportés par une compagnie d'assurances. Ce malade, borgne de l'œil gauche et présentant des ulcères de la cornée droite, avait été atteint dans le travail d'un léger traumatisme de l'œil droit. Le médecin de l'hôpital estimant qu'il ne s'agissait pas d'un cas d'urgence, l'administration de l'hôpital, pour se conformer au texte de la circulaire, a été obligée de refuser l'entrée et le malheureux obligé de chercher dans les rues d'Alger, vrai labyrinthe pour lui, le siège de la compagnie d'assurances. Celle-ci n'a pas voulu prendre la responsabilité pécuniaire de l'hospitalisation de son blessé qui a été contraint de prendre le train de l'Arba. Il a fallu, pour qu'il puisse entrer à l'hôpital, que le maire de l'Arba déclarât prendre à la charge de la commune les frais de séjour. Ce cas n'est pas isolé et trop souvent, quand la commune du domicile de secours n'est pas trop éloignée de l'établissement hospitalier, le malade, admis pendant quelques instants avec un billet régulier, se voit obligé de repartir pour aller chercher plus ou moins loin un nouveau billet d'hôpital.

Quant à l'avis télégraphique, on n'en voit pas bien la portée, soit pour réprimer les entrées abusives, soit pour faciliter les recherches du domicile de secours. Que peut répondre un maire auquel un télégramme annonce qu'une personne plus ou moins bien désignée dans un texte forcément concis, quelquefois inexact, est entrée d'urgence à l'hôpital ? Il doit s'incliner en ce qui concerne l'admission, attendre de plus amples renseignements en ce qui concerne le domicile de secours.

L'abus de séjour dans les hôpitaux est une autre cause de l'élévation des dépenses hospitalières. La circulaire du 4 mai 1908 s'efforce de faire disparaître cet abus par les dispositions suivantes :

**Abus de séjour dans les hôpitaux**

« Les municipalités ne cessent de se plaindre des séjours trop prolongés que font, souvent à leur insu, les malades des hôpitaux. Je vous prie de vouloir bien insister auprès des médecins et chirurgiens chefs de service pour qu'ils veillent personnellement à ce que ces abus ne se produisent pas. Les directeurs devront eux-mêmes se renseigner fréquemment auprès du médecin traitant sur l'état des malades en traitement depuis plus d'un mois, et si rien ne s'y oppose, faire part de ses renseignements aux maires. On évitera ainsi de grever injustement le budget de modestes communes des frais entraînés par l'hospitalisation d'individus qui s'habituent à l'oisiveté de la vie d'hôpital alors qu'ils pourraient reprendre la vie normale avec des soins et de légers secours à domicile ».

**M. le docteur Benoit** estime ces dispositions insuffisantes, du reste les maires n'apprennent généralement les séjours prolongés qu'en recevant les décomptes des frais d'hospitalisation et ces décomptes ne sont pas envoyés régulièrement à la fin de chaque mois. C'est ainsi, par exemple, que les décomptes de janvier n'ont pas encore été adressés aux communes. De loin en loin on reçoit dans les mairies un ordre de prolongation de séjour signé par le médecin et il n'est pas de commune qui n'ait chaque année un ou plusieurs hospitalisés maintenu en salle pendant 100, 200, 300 jours et même plus. Comment peut-elle agir?

Il faut absolument faire intervenir, tant pour le maintien en salle que pour l'entrée à l'hôpital, une notion nouvelle, celle de la responsabilité pécuniaire de l'autorité qui crée la dépense; responsabilité pécuniaire de la commune qui envoie à l'hôpital, d'urgence ou non, un malade, quel que soit le domicile de secours de ce malade, responsabilité pécuniaire de l'État, seul maître dans les hôpitaux, et par suite seul responsable de ce qui s'y passe, pour les séjours prolongés dans les hôpitaux.

C'est dans cet ordre d'idées que le docteur Benoit a l'intention de présenter à la Commission deux vœux : l'un qui met à la charge de toute commune qui envoie un malade à l'hôpital les huit premiers jours de séjour, le second qui met les dépenses à la charge de la colonie pour tout malade restant en salle au bout d'un certain nombre de jours dont le quantum sera déterminé après étude.

Une troisième cause de l'exagération des charges hospitalières est l'exagération des dépenses faites dans les hôpitaux. L'Administration a déjà réalisé d'importantes réformes dans le personnel administratif. D'autres sont à l'étude. Elles porteront probablement leurs fruits. Mais il ne faut pas oublier qu'il faut absolument obtenir la collaboration du médecin pour diminuer le prix de journée. Sur ce point, comme pour les entrées d'urgence, comme pour le maintien en salle, le rôle du médecin est de toute importance, car quelle est l'autorité administrative qui osera ordonner ou défendre quelque chose, contrairement à l'avis d'un médecin qui mettra en avant l'existence de son malade? L'art médical échappe à toute réglementation absolue, à toute définition précise, et c'est en vain qu'on voudrait imposer aux médecins des hôpitaux des règles fixes, voire même des inspecteurs ou des contrôleurs comme certains l'ont proposé. Souvent les maires s'irritent en raison de certaines prolongations de séjour, absolument justifiées cependant, et le docteur Benoit cite le cas d'un hospitalisé de l'Arba qui, admis à Mustapha pour être opéré de la cataracte, n'avait pas été opéré au bout de 60 jours parce qu'il était atteint d'une conjonctivite. Souvent, par contre, des médecins pris de pitié pour des hospitalisés plus ou moins intéressants les conservent indéfiniment. Si pourtant ils se rendaient compte de la détresse financière des communes, si on leur faisait bien ressortir que toute dépense qui n'est pas strictement utile lèse gravement les intérêts de la collectivité et par suite peut restreindre ou même faire supprimer les secours accordés à des malheureux plus dignes d'intérêts que ceux qu'ils ont sous les yeux, de telles considérations ne manqueraient pas de les inciter à plus de circonspection.

De toute nécessité il faut causer entre maires, médecins et administrateurs des hôpitaux, ces conversations apaiseront bien des irritations, feront cesser bien des malentendus et chacun y puisera de précieux renseignements.

Aussi le docteur Benoit préconise-t-il la constitution d'une commission mixte formée de médecins, de maires et de délégués de l'administration pour l'étude en commun de toutes les économies qu'il serait possible de réaliser dans les dépenses hospitalières et de tous les problèmes soulevés pour les entrées d'urgence, les frais de traitement, les durées de séjour.

Jusqu'à présent les vœux formulés par le docteur BENOIT ne sauraient entraîner de modifications immédiates dans les règlements hospitaliers car ils doivent être étudiés tout d'abord par l'administration supérieure, mais il en est un quatrième qui peut être mis à exécution dès demain. En feuilletant le Recueil des Actes Administratifs de 1897, il a retrouvé une circulaire du Préfet d'Alger, tombée en désuétude, dont l'application pourrait avoir d'heureux effets ; il demande qu'elle soit remise en vigueur. Cette circulaire est ainsi conçue :

Alger, le 15 novembre 1897.

Messieurs,

Afin de permettre aux municipalités de suivre le mouvement dans les hôpitaux coloniaux, des entrées et des sorties des malades domiciliés dans leurs communes, j'ai invité les administrations hospitalières à leur transmettre une lettre d'avis à chaque entrée et sortie des malades.

Je les ai également priées de faire parvenir aux municipalités les 1er et 15 de chaque mois, un certificat médical constatant, pour chaque malade la nécessité de son maintien en traitement.

Les communes pourront ainsi se rendre compte quand le séjour d'un malade se prolongera au delà de la moyenne ordinaire, des motifs de son maintien en traitement. Elles pourront aussi lorsque le diagnostic du médecin constatera l'incurabilité de l'affection, prendre en temps utile, afin de réduire les dépenses d'hospitalisation, les dispositions nécessaires pour faire admettre le malade, ne fût-ce que pour un temps déterminé dans un hospice d'incurables.

**M. Lauprêtre** croit que le décret de 1874 sur l'Assistance Publique en Algérie est illégal. Il a mis à la charge des communes les dépenses d'hospitalisation que devaient supporter les provinces ou départements aux termes de la décision du Ministre de l'intérieur en date du 19 mars 1858. L'octroi de mer est une ressource essentiellement communale qui n'a rien à voir avec les hospitalisations qui sont une charge d'État et qui devraient par suite être supportées uniquement par les dotations immobilières en faveur des hôpitaux et hospices dont la constitution est prescrite par le décret de 1880. Mais le décret de 1860 n'a jamais été appliqué et le décret illégal de 1874 a été pris.

**M. Gueirouard** condamne au nom de la santé publique le principe des agglomérations de nombreux malades comme à l'hôpital de Mustapha. Il estime qu'on devrait établir un hôpital dans chaque chef-lieu de canton, les maires auraient ainsi toute facilité pour surveiller leurs malades et réduire les dépenses d'hospitalisation.

**M. le docteur Benoit** croit qu'avant de se prononcer sur les vœux qu'il présente, la Commission doit entendre la lecture du rapport que M. Demontès a préparé.

Il en est ainsi décidé.

**M. Demontès** déclare après avoir terminé la lecture de son rapport (1), qu'il n'a aucune objection à formuler contre les vœux présentés par le Dr Benoit et qu'il s'y associe entièrement.

**M. le Dr Benoit** donne alors lecture des vœux qu'il a rédigés.

1er VŒU

Le Congrès des Maires considérant que les prescriptions édictées dans la circulaire du Gouverneur général en date du 4 mai 1908, sont insuffisantes pour réprimer les entrées abusives dans les hôpitaux :

---

(1) Le rapport de M. Demontès est inséré à la page 105.

Que trop souvent les billets d'hôpital délivrés dans une commune pour des malades qui n'y ont pas acquis le domicile de secours sont trop libéralement accordés ;

Qu'il importe d'intéresser chaque commune aux conséquences financières de toutes les entrées à l'hôpital qu'elle prononce, émet le vœu que soit mise à la charge de la commune qui a délivré le billet d'entrée à l'hôpital, la dépense afférente aux 8 premiers jours d'hospitalisation.

Adopté à l'unanimité.

## 2e VŒU

Le Congrès des Maires considérant que malgré les prescriptions édictées par la circulaire du Gouverneur général, en date du 4 mai 1908, en vue de réprimer les prolongations abusives de séjour dans les hôpitaux, de très nombreux malades sont encore maintenus en salle au delà du temps strictement nécessaire.

Que du reste les Maires, ou bien ignorent les séjours dont leurs communes sont financièrement responsables, ou bien ne peuvent contrôler la légitimité du maintient en salle de leurs hospitalisés.

Qu'il y a lieu d'intéresser budgétairement le pouvoir central lequel seul détient une autorité suffisante en la matière, aux conséquences financières des abus constatés à maintes reprises du séjour excessif dans les hôpitaux.

Émet le vœu qu'après un certain nombre de journées à fixer après étude, tous frais d'hospitalisation tombe à la charge de l'État.

Adopté à l'unanimité.

## 3e VŒU

Le Congrès des Maires considérant qu'une collaboration constante et de tous les instants entre le personnel administratif et le personnel médical des hôpitaux, peut amener une réduction notable dans les dépenses d'hospitalisation.

Que l'intérêt des malades, l'intérêt de la science et l'intérêt administratif peuvent parfaitement se concilier.

Que cette conciliation n'a pas toujours été jusqu'à présent ce qu'elle aurait dû être faute d'une entente suffisante entre les représentants de ces différents intérêts.

Que cette entente ne peut être obtenue par les circulaires les mieux intentionnées et les plus parfaitement rédigées, que du reste certains faits de la vie hospitalière, comme les admissions d'urgence ou les prolongations de séjour échappent par leur essence même, à toute réglementation précise, à toute définition absolue.

Émet le vœu que tous les problèmes soulevés par les entrées d'urgence, les frais de traitement, les durées de séjour, soit confiés à l'étude d'une commission mixte composée de représentants de différents intérêts, maires, médecins des hôpitaux, délégués du pouvoir central.

Adopté à l'unanimité.

4e VŒU

Le Congrès des Maires demande la remise en vigueur de la circulaire du Préfet d'Alger, en date du 15 novembre 1897.

**M. Lauprêtre** fait ressortir que les difficultés qui surviennent, entre les communes et les hôpitaux civils peuvent se présenter avec les hôpitaux militaires et avec les hôpitaux des Pères Blancs.

Il demande quelles mesures on pourrait préconiser à propos de ces hôpitaux.

**M. le Dr Benoit** croit que les circulaires et les règlements qui régissent les hôpitaux civils sont applicables aux hôpitaux militaires. Quant aux hôpitaux des Pères Blancs, il ne sait ce qui s'y passe, il croit que c'est une demeure privée échappant à toute action et à tout contrôle de l'administration.

Le vœu est adopté à l'unanimité.

L'assemblée décide alors de discuter le rapport de M. Demontès le lendemain matin à 10 h. 1/2, heure à laquelle M. Demontès pourra venir prendre part aux travaux de la commission.

**M. le Dr Benoit** tient, avant de lever la séance, à présenter une observation au sujet des dotations immobilières prévues par le décret du 18 septembre 1860, auquel M. Lauprêtre a fait allusion. Il est personnellement hostile à toutes les dotations immobilières à constituer aux hôpitaux, car ces dotations immobilières seraient très mal gérées. Toutes les propriétés appartenant en Algérie à des hôpitaux, à des hospices, à des bureaux de bienfaisance ont toujours été très mal administrées. Personnellement il a déposé aux délégations financières à la session de 1908, un vœu demandant la constitution d'une dotation mobilière. Mais ce vœu est encore à l'étude.

La commission s'ajourne au lendemain, à 9 heures du matin.

La séance est levée à midi.

---

## SÉANCE DU 22 MARS 1910

Présidence de Monsieur le Dr Benoit.

La séance est ouverte à 9 heures du matin.

Assistaient à cette séance : MM. *Vimal*, *Dr Massonet*, *Dr Moliner*, *Dr Poli*, *Bernasconi*, *Dr Fuster*, *Gueirouard*, *Peyroud*, *Robert*, *Colomiès*, *Guizard*, *Lauprêtre*, *Baubier*.

### VŒU de M. le Dr Fuster

**M. le Dr Fuster**, donne lecture du rapport suivant :

Messieurs,

Permettez moi de vous exposer certains faits d'ordre général.

Le principe primitif qui a présidé à la création des hôpitaux exprime un sentiment de pitié ou de charité, sur lequel les sociétés contemporaines n'ont plus à compter, heureusement. Soigner les malades est un devoir absolu pour tout groupement humain, famille, ville, commune ou État De plus, les maladies constituant un danger public, il est juste que tous participent aux dépenses faites pour s'en protéger. En spéculant sur la crainte, sur la peur des maladies et des malades, on a obtenu quelquefois des dons volontaires pour des créations hospitalières en temps d'épidémie par exemple, mais ces mouvements soidisant généreux sont des accidents très rares et nul Gouvernement ne saurait en faire état, pour assurer des soins à ces malades.

Je ne vous rappellerai point ces tableaux qui représentaient nos hôpitaux au commencement du dernier siècle et plus près de nous encore. Les vieux linges, les habits hors d'usage, tous les détritus des familles étaient reçus à l'hôpital et consacrés aux soins des malades. Une salle d'hôpital représentait la misère la plus sordide, la souffrance et le vice et seule la pitié religieuse, faite dans l'espoir d'une noble récompense dans la vie future, donnait la force de dévouement nécessaire pour panser les plaies pour nettoyer un peu les miséreux couverts de vermine, pour ensevelir les cadavres.

Le temps n'est pas bien loin derrière nous, ou dans nos « Hôtel-Dieu » morts et vivants occupaient le même lit.

Le sentiment de pitié ainsi compris est un sentiment indigne de nous aujourd'hui. Il ne s'agit plus de pitié ou de charité. Il y a le droit des malheureux, des malades et les devoirs de la société.

Les hôpitaux sont transformés, il faut que tout soit neuf et propre ; il faut que le meilleur de nous tous aille à nos frères malheureux et souffrants. C'est un devoir social et les gouvernements qui l'ont enfin compris, savent aussi prendre toutes les charges et toutes les responsabilités. Eh bien dans notre grande et belle patrie, sous notre beau régime républicain si rayonnant d'espérance, si vibrant d'enthousiasme et de dévouement, il y a presque tout à faire encore.

En Hongrie, comme chez nous, les communes devaient prendre à leur charge les frais d'assistance médicale aux indigents, aux aliénés non dangereux, aux infirmes, aux sourds-muets et il arrivait que ces frais montaient à des sommes telles que les communes ne pouvaient y suffire.

La loi de 1898. vint totalement changer cet état de choses. Il a été créé une caisse nationale de secours aux malades, par des centimes additionnels variant de 3 à 5 °/, de l'impôt dit contribution directe, et qui comprend la contribution foncière, l'impôt sur le revenu, sur les mines, sur la rente, etc.

Cette caisse nationale supporte les frais d'hospitalisation des malades, des femmes en couche, des dépenses de médicaments et appareils médicaux-chirurgicaux pour les indigents. Elle participe pour moitié, aux dépenses que nécessite la lutte permanente contre les maladies transmissibles.

Elle paie les frais d'éducation et d'entretien des enfants assistés jusqu'à la septième année.

Les malades appartenant à des sociétés de secours mutuels sont à la charge de ces sociétés.

Pour les domestiques, les maîtres doivent payer les frais d'hospitalisation pour une durée de trente jours seulement, mais quand la maladie a pour cause le service, le maître doit payer jusqu'à guérison complète.

Lorsque les assistés n'appartiennent pas à une société de secours mutuels, les frais d'hospitalisation incombent aux parents et les agents communaux recherchent ceux qui sont dans l'obligation morale et matérielle de payer.

Les communes doivent assurer les soins des malades non hospitalisés ou non hospitalisables qui ne rentrent pas dans un groupe prévu à la charge des parents ou de l'État. La commune assure encore l'entretien des malades incurables et des aliénés non dangereux, des idiots, crétins, sourds-muets, ou infirmes.

Elle veille aussi sur certains enfants assistés. Elle participe pour moitié aux dépenses pour la lutte contre les maladies transmissibles, sauf choléra, peste,

La caisse nationale de secours aux malades fournit ainsi aux frais principaux ordinaires ; le domicile de secours complète cette assistance pour les cas particuliers, enfin, l'État intervient à son tour pour combler tout déficit de la caisse de secours aux malades ; pour assurer la lutte contre le choléra, la peste ou autre grande maladie épidémique ou contagieuse. C'est l'État encore qui paie les frais de traitement des vénériens et tranchomateux même appartenant à des mutualités ; c'est lui qui couvre toutes les dépenses concernant les aliénés dangereux et ceux non incurables hospitalisés ou confiés à des familles qui les soignent. C'est toujours le trésor public qui acquitte tous les frais d'hospitalisation des indigents dans les cliniques universitaires, dans les écoles de sages-femmes et pour tous les malheureux étrangers.

Ainsi donc, cette loi promulguée en 1899, a modifié d'une façon totale et radicale, les conditions d'assistance aux malades, aux malheureux, en déchargeant les communes d'une obligation écrasante qui ruinait leurs finances. Aujourd'hui ce sont les plus riches qui paient les contributions les plus lourdes et ce sont eux qui fournissent la grande part des fonds employés à l'assistance publique et aux hôpitaux. Les communes pauvres qui sont celles qui fournissent le plus de malades, car c'est la misère qui se retrouve à l'origine de beaucoup de maladies, ne paient presque rien et jouissent des mêmes secours et de la même assistance que les communes riches. C'est là dans l'inégalité sociale, l'application rationnelle de la justice qui impose aux uns un grand devoir de solidarité et éveille dans l'intelligence des autres la perception de leurs droits.

Comme complément de la loi d'assistance, il y a encore en Hongrie, la loi d'assurance contre la maladie et les accidents, assurance obligatoire pour les ouvriers dont les appointements annuels ne dépassent pas 2.400 fr. et facultative pour d'autres qui ne se rattachent point directement à l'industrie ou au commerce. Dans le cas d'hospitalisation par suite de maladie ou accident, l'assurance paie l'hôpital pendant quatre semaines et durant le séjour du malade à l'hôpital sa famille reçoit une indemnité d'entretien. Je n'ai pas à insister ici sur le fonctionnement de cette société de secours mutuels et sur son organisation, je dirai seulement que la direction appartient à un Conseil de 60 membres au plus dont la moitié est représentée par des ouvriers.

Depuis l'application de la loi nouvelle les hôpitaux ont pris un essor jusqu'alors inconnu. Tout ce que les découvertes modernes ont donné aux médecins pour assurer aux malades les soins les plus judicieux se retrouve dans ces établissements et j'ai été heureux d'entendre proclamer partout qu'on ne doit avoir aucune tendance à réduire à un minimum les frais d'entretien et de traitement des malades, mais sachant que l'économie excessive ne serait nulle part si déplacée que dans l'espèce, on a soin que les malades reçoivent une assistance capable de leur faire recouvrer la santé le plus tôt possible. Quant au régime et au règlement intérieur des hôpitaux, il peut nous servir de modèle comme régularité et économie bien comprise.

Il y a encore un grand principe qui règle l'admission des malades et qu'il est bon de rappeler ici ; les hôpitaux sont tenus de recevoir tout malade jugé hospitalisable par le médecin de l'établissement, qu'il appartienne ou non à la circonscription, qu'il soit hongrois ou étranger pourvu qu'il y ait des lits disponibles.

Quelques chiffres seront démonstratifs pour terminer cette étude. En 15 ans le nombre des hôpitaux a augmenté de 105 établissements. En 1893 le nombre de journées de traitement était de 4 millions tandis qu'en 1908 il est de 10 millions.

En 1908 la caisse de secours aux malades a dépensé 7.335.000 fr. et le ministère de l'intérieur 5.550 000 fr. ce qui fait près de

13 millions, enfin le prix de la journée est de 1,60 en moyenne sauf pour Budapest où il atteint 2,70.

En Russie il y a aussi un impôt spécial pour l'assistance publique. D'après les considérations qui précèdent il me semble possible de formuler les vœux suivants :

*(Ces vœux sont insérés à la page 171).*

**M. le Dr Fuster** ne se dissimule pas que la réalisation de tels vœux est tout à fait lointaine. Il estime cependant que cette réalisation doit être poursuivie méthodiquement et avec persévérance.

**M. Gueirouard** fait ressortir que ces vœux s'écartent visiblement de la législation française.

**M. le Dr Fuster** reconnait qu'en effet il s'agit là d'une refonte de notre législation mais il envisage d'ores et déjà la refonte de cette législation.

**M. le Dr Benoit** croit que l'on ne peut pas transplanter de toutes pièces un système pareil d'un pays à un autre. Ce n'est pas seulement la législation qu'il faudrait changer mais encore la mentalité et les mœurs à moins qu'on ne fasse les corrections de détail nécessitées pour l'adaptation. Il cite comme exemple la facilité avec laquelle les maires délivrent des certificats d'indigence.

**M. Guizard** déclare qu'il n'a jamais délivré de certificat de complaisance.

**M. le Dr Benoit** l'en félicite mais se déclare incrédule. M. GUIZARD et les autres maires lorsqu'il s'agit de faire accorder des soins gratuitement à quelqu'un sont enclins à trop de mansuétude, à trop de bienveillance. C'est ainsi que, d'une façon générale, un ouvrier, même gagnant 6 fr. par jour, est considéré comme indigent et envoyé comme comme tel à l'hôpital.

**M. Guizard.** C'est une question de fait. L'ouvrier peut avoir beaucoup de famille et il ne gagne rien quand il est malade.

**M. Baubier.** Les ouvriers agricoles ne sont pas indigents tant qu'ils ont du travail mais lorsqu'ils sont en chômage ils ont vite épuisé leurs modestes ressources.

**M. Vimal** envoie le moins possible à l'hôpital. Il a fait établir des cartes d'indigence de deux catégories. L'une donne droit à la visite médicale seulement, l'autre délivrée à des indigents plus dignes d'intérêt comporte encore les fournitures pharmaceutiques. Il a de plus constitué une Commission spéciale chargée de constater l'état d'indigence des pétitionnaires qui, il faut le reconnaître, ne se montrent toujours pas de bonne foi.

**M. le Dr Poli** estime qu'il convient surtout de développer l'assistance à domicile.

**M. Colomies** exprime le même avis.

**M. Vimal** considère qu'on doit s'efforcer d'enrayer les abus de séjour dans les hôpitaux. Dans une salle d'hôpital, sur 40 hospitalisés il y en a 20 qui ne sont pas malades. Beaucoup d'entre eux sont occupés à toutes sortes d'emploi et les communes payent les frais de séjour. Il cite plusieurs faits qu'il a observés personnellement. Il parle d'un malade qui, à lui seul, a fait 1097 jours d'hôpital et a coûté 3.300 fr. à la commune de Saint-Eugène qu'il avait du reste quittée depuis plusieurs années. C'était un professionnel qui, allant d'hôpital en hôpital, n'avait pas pu perdre le domicile de secours acquis à Saint-Eugène. Et les professionnels de ce genre sont nombreux qui imposent ainsi des dépenses considérables à leur commune d'origine, impuissante à empêcher cette promenade perpétuelle à travers les hôpitaux de la colonie.

**M. le Dr Benoit** s'excuse d'interrompre M. Vimal, mais il croit que pour le bon ordre des travaux il conviendrait de consulter la Commission sur la suite à donner aux vœux de M. Fuster. M. Vimal pourra ensuite continuer son développement et déposer le vœu qui en sera certainement la conclusion.

L'assemblée prend les vœux de M. Fuster en considération et en décide le renvoi à la bienveillante attention de l'Administration supérieure.

VŒU de M. Vimal *tendant à la prise en charge par la colonie des dépenses d'hospitalisation. — Amendement de* M. Lauprêtre :

**M. Vimal** est persuadé que la prise en charge par l'État des frais d'hospitalisation, avec allocation, par les communes au budget colonial, de subventions à déterminer, est la seule solution, réellement pratique, immédiatement réalisable, pour mettre fin aux abus qui se perpétuent. La colonie pourrait créer des médecins inspecteurs qui exerceraient une surveillance efficace dans les hôpitaux, contrôleraient les séjours des hospitalisés.

**M. Gueirouard** pense que cette solution viendrait contrarier profondément l'assistance par les secours à domicile et cette forme d'assistance ne saurait être trop encouragée.

**M. Lauprêtre** reprenant son idée de la veille, estime que les frais d'hospitalisation devraient être purement et simplement supportés par l'État. Il dépose un vœu plus radical que celui de M. Gueirouard.

**M. Guizard** indique que la plus grosse objection faite à la demande de prise en charge d'hospitalisation par l'État, c'est que les maires n'ont pas assez d'énergie pour refuser des certificats de complaisance. Le jour où ils n'auront plus d'intérêt à modérer les dépenses d'hospitalisation, elles augmenteront rapidement. Mais on peut répondre que l'État a les plus sérieux moyens d'investigation et qu'il lui serait facile d'enrayer les abus. Aussi M. Guizard se déclare-t-il partisan du vœu de M. Vimal.

**M. Gueirouard** craint fort que si les communes demandent trop de sacrifices au budget spécial, on ne soit obligé de créer de nouveaux impôts, mais il verrait très volontiers les médecins inspecteurs proposés par M. Vimal, surveiller et contrôler les médecins des hôpitaux.

**M. le Dr Fuster** exprime l'avis qu'il conviendrait de constituer en Algérie des commissions administratives analogues à celles qui fonctionnent en France. Cette organisation permettrait d'exercer dans les hôpitaux une surveillance effective et de sauvegarder ainsi les intérêts des communes.

**M. le Dr Benoit,** président, regrette que M. Vimal ait été obligé de se retirer au cours de la séance d'hier matin et n'ait pas entendu les observations qu'il a présentées au sujet de la prise en charge par le budget colonial des dépenses hospitalières. Probablement aujourd'hui ne présenterait-il pas son vœu.

De 1858 à 1874 les frais d'hospitalisation ont été à la charge des départements. Les dépenses allaient sans cesse en augmentant par le fait de la complaisance des maires, malgré toutes les circulaires, malgré toutes les prescriptions de l'autorité supérieure, ainsi que M. Guizard peut s'en convaincre, en lisant les discussions de ses prédécesseurs au Conseil général, fortement embarrassés par la progression des charges qui leur incombaient. Les difficultés des maires n'étaient pas moindres puisqu'ils étaient pris entre les sollicitations de leurs concitoyens et les mesures comminatoires des préfets. Il ne faut pas songer à mettre les dépenses hospitalières à la charge de l'État, soit sans aucune compensation comme le désire M. Lauprêtre, soit avec des subventions communales comme le désire M. Vimal, soit même contre le retour à l'État du 1/5 de l'octroi de mer. Ces dépenses hospitalières augmenteraient rapidement le jour où les maires n'auraient plus d'intérêt à les modérer. En exigeant de l'État des sacrifices excessifs on rendrait inévitables de nouveaux impôts et on écraserait ainsi un peu plus le contribuable, qui, en somme, est seul à supporter toutes les charges qu'elles soient coloniales, départementales ou communales.

Les statistiques, communiquées hier à l'assemblée, montrent que les 2/3 des communes d'Alger réalisent des bénéfices avec leur 1/5 d'octroi de mer. Il est par suite impossible de demander à un congrès des maires de voter le retour à l'État de ce 1/5.

Au malade qui a coûté 3.300 francs à la commune de St-Eugène on peut, par exemple, opposer l'hospitalisé de l'Arba qui est resté près de 1,100 journées à l'hôpital de Mustapha, avec cette particularité qu'il n'était pas malade le jour de l'entrée.

Il faut reconnaître que, depuis la création d'un inspecteur général de l'Assistance Publique, la situation s'est sensiblement améliorée. Chaque fois qu'un abus est signalé, et la commune de l'Arba vient d'en faire l'expérience, une enquête est immédiatement ouverte et suivie des sanctions nécessaires. Dans certains cas les prolongations de séjour peuvent paraître abusives aux yeux des Maires non au courant des choses médicales, mais ne le sont pas en réalité, et le docteur Benoît rappelle le cas, qu'il citait hier, de l'hospitalisé atteint de cataracte que l'on n'avait pas encore opéré au bout de deux mois.

De trop nombreux abus subsistent encore, mais ce n'est pas avec les médecins inspecteurs demandés par M. Vimal et par M. Gueirouard que l'on peut les réprimer. Des conflits inextricables s'élèveraient entre les médecins des hôpitaux et les médecins inspecteurs si toutefois on en trouvait. Du reste, comment un médecin inspecteur pourrait-il, après un examen de quelques minutes, imposer son avis, faire accepter ses critiques au médecin traitant qui suit et étudie son malade depuis plusieurs jours ? M. Gueirouard, qui est architecte, croit-il possible qu'un de ses collègues puisse en quelques instants juger et critiquer les plans lentement élaborés par lui ?

Le docteur Benoît expose les principes dont s'inspirent les vœux déposés par lui hier à la commission et donne lecture de ces vœux pour les membres qui n'assistaient pas hier à la partie de la séance pendant laquelle ces vœux ont été votés à l'unanimité. Il croit que l'application de cette formule peut donner d'heureux résultats.

A propos du vœu sur la mise à la charge de l'État des frais de séjour, après une certaine durée d'hospitalisation, plusieurs membres voudraient voir indiquer un nombre de jours déterminé, mais le docteur Benoit fait remarquer que cette précision est impossible pour le moment, car nous n'avons aucun élément pour l'établir. Ce n'est qu'à la suite d'une enquête générale que l'on peut déterminer un chiffre qui ne saurait être arbitrairement choisi.

**M. Guizard** demande à propos du vœu réclamant l'application des mesures de la circulaire préfectorale de 1897 si les hôpitaux militaires reçoivent les circulaires administratives.

**M. le docteur Massonet** lui répond que les hôpitaux militaires les reçoivent et les appliquent avec beaucoup de soin.

**M. Vimal** déclare retirer son vœu sur la prise en charge par l'État des dépenses hospitalières, mais il en déposera tout à l'heure un autre sur le domicile de secours.

**M. Lauprêtre** maintient son vœu.

**M. Gueirouard** ne le votera pas, car il le considère comme défavorable aux intérêts des communes et il estime que le décret de 1871 dont la légalité est contestée a été régulièrement pris.

**M. le docteur Massonet** fait remarquer que si l'État prenait à sa charge les dépenses hospitalières, il réclamerait comme compensation le 1/5 de l'octroi de mer. La plus grande partie des communes se trouverait ainsi lésée, car d'après la statistique des dépenses hospitalières, le tiers à peine des communes atteint ou dépasse le 1/5 de leur part d'octroi de mer pour leurs dépenses hospitalières.

**M. Lauprêtre** rappelle que son vœu est formel. Les dépenses hospitalières sont exclusivement à la charge d'État et la Colonie ne saurait réclamer aux communes leur cinquième d'octroi de mer pour y faire face.

La Commission, appelée à se prononcer, ne retient pas le vœu de M. Lauprêtre.

VŒU de M. FUSTER, *tendant à la création, dans les hôpitaux d'Algérie, de Commissions administratives mixtes analogues à celles qui fonctionnent en France.*

**M. Demontès** appuie le vœu de M. Fuster. Il donne cette indication que, lui, adjoint au maire d'Alger, ayant sa délégation pour l'assistance publique, il ne peut assister aux travaux de la Commission Consultative de l'hôpital de Mustapha qui pourtant, légalement, est présidée par le maire d'Alger. Il serait pourtant rationnel que l'adjoint qui a la responsabilité de toutes les questions d'assistance, pût remplacer le maire à la Commission Consultative de l'hôpital.

Le vœu de M. Fuster est adopté à l'unanimité.

*Protestation de M. Demontès contre le vœu du docteur Benoit tendant à la prise en charge des huit premiers jours d'hospitalisation par toute commune qui envoie un malade à l'hôpital, domicilié ou non chez elle.*

**M. Demontès** reconnait avoir voté ce vœu hier avec toute la commission, mais il déclare avoir été surpris, n'en ayant pas saisi à la simple lecture, toute la portée.

Depuis il a réfléchi et il a fait très rapidement une étude qui lui a montré les conséquences désastreuses qu'entraînerait pour les finances de la ville d'Alger, la mise en pratique de la solution proposée. Aussi a-t-il rédigé la protestation dont il demande à donner lecture (1).

**M. Gueirouard** fait remarquer que si la ville d'Alger a des dépenses d'hospitalisation très élevées, elle a aussi des ressources importantes que les autres communes n'ont pas.

**M. Demontès** répond qu'Alger doit faire face à des dépenses tenant à son rapide développement.

**M. Colomiès** dit que souvent des malades, dont l'hospitalisation est refusée dans la commune d'origine, se présentent à Alger où ils sont envoyés à l'hôpital. Ces facilités données généralement à des professionnels de l'hospitalisation occasionnent de lourdes charges aux communes, spécialement à celles qui avoisinent Alger.

**M. le docteur Benoit**, président, confirme les dires de M. Colomiès et déclare qu'à ce point de vue la proximité d'Alger est une véritable ruine pour les communes suburbaines. Il vient de compulser les dossiers d'hospitalisation de la commune de l'Arba depuis dix ans et il est effrayé du grand nombre de billets d'hospitalisation de malades de sa commune délivrés par Alger. Les médecins communaux algérois jouent de l'urgence avec une facilité déplorable quand il ne s'agit pas de personnes domiciliées à Alger.

---

(1) La protestation de M. Demontès est insérée dans le Procès-Verbal des séances plénières.

Au surplus il tient à faire remarquer que M. Demontès est entré à la séance d'hier juste au moment où la Commission commençait à étudier la question de l'Assistance publique. Sa surprise est donc toute relative puisqu'il a pu, comme tous les autres membres, entendre et méditer les développements qui ont précédé le dépôt du vœu. Il l'a voté parce que le principe en est absolument équitable et que cette équité l'a saisi. Il ne le repousse aujourd'hui que parce qu'il le voit au point de vue étroit des intérêts d'Alger. Du reste, ce n'est pas cent mille francs de dépenses supplémentaires que la réalisation de ce vœu apporterait à Alger. M. Demontès oublie dans ses calculs de tenir compte des économies faites sur les frais de séjour des nombreux malades domiciliés à Alger qui sont envoyés dans les différents hôpitaux d'Algérie par les autres communes. Il ne voit pas non plus les bénéfices que retirerait sa commune de la mise en pratique du vœu sur les prolongations de séjour qui est connexe au premier.

La Commission, consultée, repousse à l'unanimité, moins la voix de M. Demontès, la protestation de M. Demontès et maintient son premier vote.

VŒU de M. DEMONTÈS *tendant à porter à cinq années la durée du séjour nécessaire dans une commune pour y acquérir le domicile de secours. — Amendement du* Dr BENOIT.

**M. Demontès** relit la partie de son rapport relative à ce vœu.

**M. le docteur Benoit,** président, fait remarquer qu'il s'agit là d'une extension malheureuse de l'idée exprimée par M. de Vulibouze, maire d'Héliopolis, au Congrès de Constantine. M. de Vallbouze ne visait que les étrangers, sans stabilité aucune en Algérie, venus ici avec l'intention de repartir après avoir ramassé un petit pécule, et cette idée était très sensée. La proposition de M. Demontès ne peut qu'augmenter les difficultés des communes pour les recherches du domicile de secours déjà bien laborieuses avec les dispositions du décret de 1902, car il va de soi que si le domicile de secours ne s'obtient qu'après cinq ans, il ne peut se perdre qu'après le même laps de temps.

A titre d'amendement, M. le docteur Benoit propose de reprendre le vœu adopté au Congrès de Constantine qui est ainsi conçu :

Demander que le domicile de secours dans la commune ne soit acquis et attribué aux étrangers qu'après un séjour ininterrompu de trois années et la justification du paiement des taxes municipales et autres dans cette commune.

Le vœu de M. Demontès n'est pas adopté.

Le vœu du Congrès de Constantine, repris par M. le Dr Benoit est ensuite adopté à l'unanimité.

VŒU de M. DEMONTÈS *tendant à la suppression des malades payant dans les hôpitaux.* — *Amendement du* Dr BENOIT.

**M. Demontès** donne lecture de la partie de son rapport qui concerne ce vœu.

**M. le Dr Massonnet** demande qu'on lui définisse avec précision l'expression de « malade aisé ». Où commence l'aisance? Par exemple, un employé de commerce, gagnant 200 francs par mois, voulant se faire opérer une hernie, est-il un malade aisé, est-il un indigent?

**M. Lauprêtre** cite le cas d'une personne possédant 600.000 francs qui s'est fait traiter à l'hôpital pour un prix de journée de 2 fr. 60, alors qu'une opération lui avait coûté quelque temps auparavant une somme de 1.000 francs. Cette personne étant évidemment un malade aisé qui n'aurait pas dû être reçu à l'hôpital.

**M le Dr Poli** est d'avis que les personnes aisées ne devraient pas être admises dans les hôpitaux. Or, il sait pertinemment que de très nombreux malades riches se font traiter économiquement à l'hôpital.

**M. Peyroud** estime au contraire que les riches ne se font hospitaliser que très exceptionnellement.

**M. le Dr Poli** sait par expérience personnelle que les riches entrent très souvent à l'hôpital pour réaliser des économies sur les frais de traitement, médicaux ou pharmaceutiques.

**M. le Dr Fuster** déclare qu'à Paris de nombreuses enquêtes ont démontré la réalité du mal signalé par le Dr Poli. Les hôpitaux sont faits pour les seuls indigents et les riches qui s'y font admettre volent le bien des pauvres. Il souscrit entièrement au vœu de M. Demontès.

**M. Baubier** trouve ces réflexions très justes, mais il se demande comment on pourra établir la ligne de démarcation entre les malades que l'on pourra admettre dans les hôpitaux et ceux que l'on devra refuser.

**M. Gueirouard** est convaincu que bien des gens aisés préfèrent aller à l'hôpital où ils trouvent toutes les commodités, les meilleurs soins, et où ils ont constamment à leur disposition tout ce qui peut leur être utile. Il veut bien que l'on augmente le prix de séjour dans les cabinets particuliers, mais il estime que l'on doit permettre à tout le monde de se faire traiter à l'hôpital.

**M. le Dr Benoit**, président, fait remarquer que la circulaire du Conseil Supérieur d'Hygiène dont s'est inspiré M. Demontès peut être parfaite pour Paris et pour la plupart des grandes villes de France qui possèdent de très nombreuses maisons de santé à des prix divers, si bien que les malades riches n'ont que l'embarras du choix pour se faire soigner ou opérer à leur goût ou selon leurs moyens. Vouloir l'appliquer à l'Algérie où il n'existe que de très rares maisons de santé dans les capitales, serait se heurter à une impossibilité. C'est toujours la même faute dans laquelle les meilleurs esprits tombent toujours et qui consiste à vouloir transplanter ici de toutes pièces des organisations nées de besoins précis, répondant à des conditions déterminées, sans leur faire subir les adaptations nécessaires.

Ce qu'a dit M. Gueirouard au sujet de l'élévation des prix dans les cabinets payants est très sage. On pourrait s'en inspirer pour trouver une formule qui donnera satisfaction à tout le monde et à laquelle M. Demontès se ralliera certainement : Exiger des malades aisés, des prix de séjour élevés, couvrant des frais qu'ils imposent, et créer ainsi aux hôpitaux des ressources nouvelles qui viendront atténuer les prix moyens de journée des malades pauvres.

**M. Demontès** déclare qu'il n'est pas éloigné de la manière de voir du Dr Benoit, il estime en effet que les institutions de la métropole ou de l'étranger ne sauraient être transplantées d'emblée en Algérie. Mais nous devons considérer que le nombre des cliniques en Algérie a une tendance à augmenter et que nous devons faire tous nos efforts pour augmenter cette tendance. Il est tout disposé à amender son vœu selon les indications du Dr Benoit, mais en y associant cette idée que l'on doit arriver progressivement à la mise en pratique de la circulaire du Conseil Supérieur d'Hygiène.

**M. le Dr Fuster** signale un écueil. Le tarif maximum des prix de séjour des malades payants est fixé par un arrêté ministériel et on ne saurait dépasser cette limite.

**M. le Dr Massonet** objecte qu'une circulaire n'a pas force de loi.

**M. le Dr Fuster** répond que la mesure n'en a pas moins son effet. Les tarifs sont uniformisés dans tous les hôpitaux de France.

**M. Demontès** fait ressortir que les frais occasionnés par le traitement des malades payants sont plus élevés que les sommes qui leur sont réclamées. Par suite, l'argent des pauvres est affecté à donner des soins aux riches.

**M. Gueirouard** insiste sur ce fait que beaucoup de malades riches vont surtout se faire opérer à l'hôpital parce qu'ils y trouvent tout le confort et toutes les facilités désirables.

**M. le Dr Fuster** répond qu'il est toujours loisible à un riche de se faire soigner en ville par tel chirurgien de son choix assisté d'internes ou d'infirmiers et qu'il peut attacher à sa personne pour le temps utile autant d'internes ou d'infirmiers qu'il voudra.

**M. Gueirouard** dit que cette pratique serait beaucoup trop dispendieuse.

**M. le Dr Benoit** croit qu'il est souverainement injuste de permettre aux riches de se faire traiter à un prix infiniment inférieur aux dépenses qu'ils occasionnent et de réserver à ces riches des lits dont beaucoup de malades pauvres attendent impatiemment la vacance. Le plus souvent ils y entrent pour des opérations très délicates et partant cotées à un prix relativement élevé qui nécessitent ensuite des soins minutieux et des pansements très coûteux. C'est ainsi que non seulement ils lèsent les intérêts des pauvres, car les frais considérables qu'ils occasionnent relèvent singulièrement les moyennes des prix de journée, mais encore ceux des chirurgiens qui font leurs opérations. Ne serait-il pas équitable d'exiger des malades payants une rétribution pour toutes les opérations en appliquant évidemment un tarif réduit ? On ferait deux parts de ces honoraires : l'une allant au chirurgien qui a pratiqué l'intervention ; l'autre, destinée à la caisse hospitalière, viendrait faire fléchir les moyennes des prix de journée. Il ne veut, du reste, pas soulever cette question dont l'étude s'imposera avant peu.

**M. le Dr Peyroud** dit que les chirurgiens se font payer par les malades qu'ils opèrent à l'hôpital. Il connait une personne aisée qui, pour une intervention chirurgicale, a été obligée de remettre 2.000 francs à l'opérateur.

**M. le Dr Benoit** croit qu'il s'agit d'un fait tout à fait exceptionnel et non d'une pratique habituelle. Il trouverait abusive la conduite du chirurgien qui pour les besoins de ses malades personnels, utiliserait systématiquement les instruments, les appareils, les objets de pansement qui, en somme, appartiennent aux pauvres, et dont l'entretien ou l'achat sont payés par eux et pour eux, et coterait très cher ses soins à des malades aisés qu'il mettrait à même de payer très bon marché les autres frais inhérents au traitement.

**M. Demontès** propose alors à la Commission de demander que le prix de journée de malades payants dans les hôpitaux soit élevé de telle sorte qu'il couvre la totalité des frais et qu'on arrive progressivement à l'application en Algérie de la circulaire du Conseil supérieur d'hygiène de France.

Ce vœu est adopté à l'unanimité.

VŒU de M. DEMONTÈS *demandant la participation de l'État et du département à tous les frais de séjour des vieillards ou des incurables hospitalisés.*

**M. Demontès** expose que jusqu'à l'année dernière les frais d'entretien des vieillards du département d'Alger dans les hospices étaient entièrement supportés par les Communes alors que dans les deux autres départements les dépenses étaient payées un tiers par la commune, un tiers par le département, un tiers par l'État. Cette situation dure depuis 30 ans et la Ville d'Alger a perdu ainsi une somme supérieure à 2 millions. L'année dernière Alger a obtenu que l'État et le département participent chacun pour un tiers pour ses nouveaux hospitalisés, mais cette mesure n'a pas eu d'effet rétroactif et les frais de séjour des anciens hospitalisés sont entièrement à sa charge. Aussi M. Demontès demande à la commission d'adopter le vœu suivan :

Le Congrès des Maires émet le vœu que les frais de séjour de tous les vieillards ou incurables assistés actuellement dans les hôpitaux du département d'Alger, soient immédiatement supportés 1/3 par la colonie, 1/3 par le département, 1/3 par les communes.

**M. le docteur Benoit** est très étonné d'apprendre que la participation de l'État et du département aux frais d'entretien des vieillards dans les hospices ne s'étend pas à tous les vieillards mais seulement à ceux nouvellement admis.

**M. Demontès** indique qu'à l'heure actuelle la ville d'Alger supporte l'intégralité des frais de séjour d'une centaine de vieillards malgré les promesses qui lui ont été faites à la préfecture.

**M. Vimal** déclare que la commune de Saint-Eugène se trouve dans une situation analogue aussi s'associe-t-il au vœu de M. Demontès.

Le vœu est adopté à l'unanimité.

VŒU de M. DEMONTÈS *relatif aux conditions d'application de la loi de 1905 sur l'assistance aux vieillards.*

**M. Demontès** rappelle que la loi de 1905 sur l'assistance aux vieillards a été rendue applicable à l'Algérie mais que les conditions de sa mise en vigueur doivent être précisées par un décret rendu dans la forme des règlements d'administration publique. Il importe qu'une enquête très complète sur les répercussions fiscales de cette loi soit faite plus sérieusement que celle déjà faite par l'Administration. M. Demontès demande que cette enquête à poursuivre dans toutes les villes et tous les villages de la colonie soit conduite par une commission composée de représentants des communes, du département et de l'État.

Le vœu de M. Demontès est adopté à l'unanimité.

VŒU de M. VIMAL *sur les modifications à apporter au décret de 1902 sur le domicile de secours*

**M. Vimal** rappelle qu'aux termes de l'article 2 du décret du 16 décembre 1902 tout français ou sujet français perd le domicile de secours en Algérie : 1° par une absence ininterrompue d'une année postérieurement à la majorité ou à l'émancipation ; 2° par l'acquisition d'un autre domicile de secours, si l'absence est occasionnée par des circonstances excluant toute liberté de choix de séjour ou par un traitement dans un établissement hospitalier en dehors du lieu habituel de résidence du malade. Le délai d'un an ne commence à courir que du jour où ces circonstances n'existent plus. Le fait de ne pas décompter dans l'année d'absence nécessaire pour perdre le domicile de secours, les jours passés dans un hospice permet de mettre à la charge de la commune d'origine les frais de séjour des professionnels de l'hospitalisation qui quelquefois l'ont quittée depuis plusieurs années.

M. Vimal trouve injuste cette réglementation et il demande la suppression dans le texte de l'article 2 des mots : « ou par un traitement dans un établissement hospitalier situé en dehors du lieu habituel de résidence du malade ».

Ce vœu est adopté.

L'ordre du jour étant épuisé et aucun membre ne demandant la parole, **M. le docteur Benoit**, président, remercie très chaleureusement ses collègues de l'assiduité avec laquelle ils ont suivi les travaux de la Commission.

Il exprime l'espoir que ces travaux ne resteront pas stériles et que l'Administration supérieure trouvera dans l'examen des idées échangées, des vœux adoptés, des indications utiles, des suggestions fécondes. Personnellement il conservera le meilleur souvenir de ces heures de travail en commun et il ose croire que ses collègues en emporteront la même heureuse impression.

Des applaudissements unanimes accueillent les paroles du président.

La séance est levée à midi.

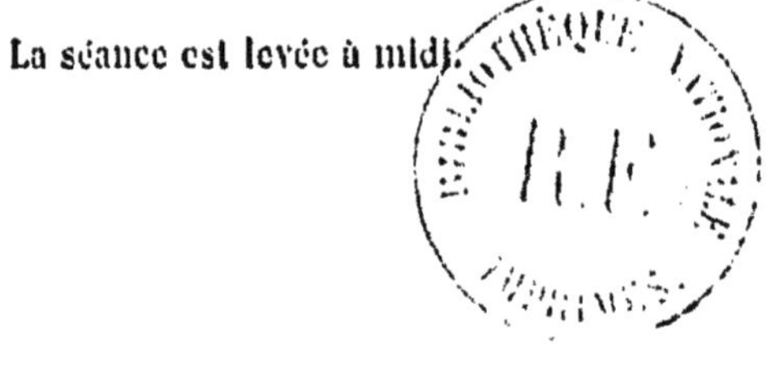

# TABLE DES MATIÈRES

ALGER. — TYPOGRAPHIE ADOLPHE JOURDAN. — ALGER

ALGER. — TYPOGRAPHIE ADOLPHE JOURDAN. — ALGER

www.ingramcontent.com/pod-product-compliance
Ingram Content Group UK Ltd.
Pitfield, Milton Keynes, MK11 3LW, UK
UKHW020245250726
13967UKWH00004B/1524

9 782012 946309